「ライフデザイン研究所」所長

畔柳 修
(くろやなぎ おさむ)
[著]

メンタルヘルスに活かす
TA 交流分析
Transactional Analysis
実践ワーク

金子書房

まえがき

　「汝自身を知れ」古代ギリシャのデルフォイのアポロン神殿に刻まれていたといわれるこの言葉は、ソクラテスによって紹介された有名な言葉ですが、これほど私たちに重要で、そして壮大なテーマはおそらく他にはないのではないでしょうか。
　私たちは、目や耳などの感覚器官が外に向いているために、どうしても意識が外に向きやすいといわれています。そのため、他人のことはよく見えるのに、自分のことは実際のところよくわかっていないのが実情のようです。
　ストレスやメンタルヘルスに関しても、外側（環境）に目が向きがちで、自分の内側に目を向けることを怠っていたり、軽視している傾向があるように思えます。実は、ストレスは外的環境からのものばかりではなく、私たち自身のこころの中にも、ストレスを作り出すメカニズムがあります。
　本書では、Transactional Analysis：TA（交流分析）の各分析において、ストレスを自ら作り出していないだろうか…汝自身を知り、自己への"気づき"を深め、そして、自らを"築き"あげることで、セルフケア『自らの健康は自ら守る』を後押しします。
　また、ストロークなどのワークでは、日頃から、メンタルヘルス不調者が出ないような『風通しの良い活性化した組織を創る』という、予防のためのメンタルヘルス（一次予防）に重点を置き、ワークをご紹介しています。

　メンタルヘルスに関して、即効薬や万能薬などあるはずもありませんが、本書を参考にしていただくことで、予防のためのメンタルヘルスや早期発見＆早期治療を探るためのアイデアが豊かになれば嬉しく思います。

　本書は、前著『職場に活かす TA 実践ワーク――人材育成、企業研修のための 25 のワーク』（金子書房）の第 2 弾として執筆させていただきました。併せてお読みいただけましたら幸いです。

ライフデザイン研究所
畔柳 修

Transactional Analysis

本書の活かし方

① 本書は、メンタルヘルスにTAを活かしていただく目的で書かれたものです。
各章は、TAの概念ごとに章立てされています。本書は、前著『職場に活かすTA実践ワーク』の第2弾という意図もあり、TAの2つの基本的前提と4つの分析の内容説明は、重複を避けるために、文字数を減らし、極力表現を変えた説明文となるよう努めました（心理的ゲームの説明は重複しています）。
TAを知識として理解したい読者の方は、ぜひ、前著も併せて、ご一読いただくことをおすすめいたします。

② 本書は、企業や組織、官公庁などでメンタルヘルス（特にセルフケア）にTAをどう役立てていただけるか、という目的で書かれています。読者の向こう側にいらっしゃる研修参加者の多くは、はじめてTAと出合うことと思います。そのため、本書では、二次的構造分析など、理論が中心となる概念は取り上げていません。研修参加者が職場に戻り、"これならやってみよう""ぜひ、取り組んでみたい"…そんな実践向きのワークを中心に取り上げています。
TAは、国際TA協会を中心に日々理論が進化していますので、より専門的に学びを深めたいという方は、ぜひ、筆者までお声かけください。

③ メンタルヘルスのスタートは、セルフケア「自分の健康は自分で守る」です。そのため、本書はセルフケアを推進するためのワークを取り上げています。
また、ストローク"こころの栄養素"は、セルフケアよりも、組織における予防のためのメンタルヘルスという意味合いが強いため、ラインケアを中心に取り上げています。

④ メンタルヘルスの取り組みは、一次ケア（予防のためのメンタルヘルス）、二次ケア（早期発見・早期治療）、三次ケア（職場復帰支援）の広い範囲を扱います。そのため、当然なのですが、コミュニケーションやマネジメント、キャリアなどと多くの部分で重複します。
本書はメンタルヘルスという観点でワークをご紹介していますが、コミュニケーション研修やマネジメント研修などにも応用いただけますので、ぜひ、研修の目的やねらいに応じてアレンジしていただければと思います。

⑤ ワークは、〈ねらい〉〈進め方〉〈ワークシート〉〈ふりかえり&ポイント〉の順に構成されています（一部、ワークシートが不要なワークやふりかえが進め方の中に組み入れられているものも含まれます）。理論や知識が豊富な読者は、想像を膨らませながら、ワークをお読みください。

⑥ ワークでは語り合うことを大切にしています。「話す」という漢字はごんべんに舌と書きます。言葉を舌に乗せてから伝えるから、「話す」となります。「語る」という字は、ごんべんに吾。つまり、自分を言うという意味合いになります。
「自分を言う、すなわち語る」それは、自分自身を見せることに他なりません。自分自身からにじみ出るエネルギーや人格を表に出しながら伝えようとする。それが、「語る」という行為であり、自己を開示することで気づきを得、自己理解を促進します。

⑦ TAは精神療法の1つであり、子育てや学校教育でもさかんに取り上げられています。そのため、家庭での取り組みや実例などもご紹介しています。ときおり、人事担当者様の中に、「会社でお金と時間を割いている研修なので、家庭のことはふれないで結構です」などと線引きをなさる方がいらっしゃり、たいへん残念な気持ちになります。仕事と家庭を切り離すことなどできず、家庭が円満になれば、必ずや仕事にも好影響を及ぼしてくれるのですから、切り離すこと自体に疑問を覚えます。本書においても、一部、家庭の話材を交えながら構成しています。

Content

まえがき…… i
本書の活かし方…… ii

第❶章　自我状態分析　－自分を知り、他人を知る－

Transactional Analysis とは…… 1
2つの基本的前提…… 3
4つの分析…… 3
自我状態分析とは「自分を知り、他人を知る」…… 5
自我状態の形成過程…… 6
＜特別ワーク＞心理検査『新版 TEG Ⅱ』を実施しよう…… 10
エゴグラムの見方のポイント1…… 11
エゴグラムの見方のポイント2…… 13
PAC を見分けるポイント…… 14
自我状態の肯定的要素と否定的要素…… 15
ワーク1　わたしは何者？…… 16
ワーク2　オーバーラップ・エゴグラム…… 21
精神病理における PAC…… 26
ワーク3　知覚の位置…… 29
ワーク4　フリーハンド・エゴグラム…… 32
ワーク5　他画像エゴグラム…… 35
ワーク6　望ましい自分づくり…… 38
望ましい自分づくりのための具体的な行動リスト…… 48
対人関係の3つのパターン－コミュニケーションのルール－…… 51
ワーク7　非生産的なやりとりから生産的なやりとりへ…… 54
凍結したやりとりからの脱却…… 57
ワーク8　セルフやりとり分析…… 58
有効なやりとり…… 61
非有効なやりとり…… 62
鋭角裏面交流…… 64

第❷章　ストローク　－風通しの良い職場づくり－

ストローク"心の栄養素"とは…… 66
ストロークが欠乏すると…… 68

〔ケース1〕スーザンという女の子のはなし…… 68
〔ケース2〕ハンサムな男の子…… 69
〔ケース3〕生まれつき備わった関係欲求…… 70
職場におけるストローク…… 71
ディスカウントとは…… 73
ディスカウントにどう対処するか……76
ワーク1 メンタルヘルス不調者を出さない職場とは…… 77
ワーク2 ストロークの自己分析…… 80
『上達を信じる』…… 82
ワーク3 ストローク・プロフィール…… 90
何気ない感謝も心地よいストローク…… 93
ワーク4 ストローク・バンク…… 94
「孤立」撲滅運動…… 96
予防のためのカウンセリング…… 97
コールセンターへのおもてなし……97
ベスト・プラクティス…… 98
「がんばって」ではなく、「がんばってるね」…… 100
ワーク5 ムーブメント…… 103
『微笑み（ほほえみ）』…… 106
『いい顔をつくる顔訓十三箇条』…… 107
ワーク6 ストローク経済の法則の打開策…… 108
〔打開策1〕与えるべきストロークがあれば、積極的に与えよう…… 108
〔打開策2〕欲しいストロークは遠慮せず相手に要求しよう…… 109
〔打開策3〕欲しいストロークは素直に受け取ろう…… 110
〔打開策4〕欲しくないストロークはそれを拒否しよう…… 110
〔打開策5〕自分自身にストロークを与えよう…… 111
『ある中学校での出来事』…… 112
〔ワーク〕ストロークのおねだり…… 113
〔エクササイズ〕自分が自分に与えるストローク…… 115
ワーク7 風通しの良い職場づくりに向けて…… 121
ワーク8 叱れるリーダーになる…… 125
叱ることが効果を発揮するための大前提…… 128
叱った後のフォローを欠かさない…… 130

第❸章　基本的な人生態度　－健全な対人関係－

基本的な人生態度…… 132
基本的な人生態度はこうしてつくられる…… 133
4つの心理的ポジションと基本的な態度…… 134
生産的ポジションへの変革…… 136
健全な対人関係とマネジメント・スタイル…… 137
人生態度と行動の側面リスト…… 138
ワーク1　人生態度からの気づき①…… 139
ワーク2　人生態度からの気づき②…… 142
ワーク3　自己分析 OK 図表…… 144
アサーティブ・コミュニケーションと人生態度…… 146

第❹章　ラケット感情　－ニセの感情から本当の感情へ－

ラケットとは…… 150
ラケットの特徴…… 151
スタンプコレクションとは…… 154
ワーク1　スタンプコレクション…… 156
ワーク2　わたしが経験したスタンプ…… 160
スタンプはいずれ清算される…… 162
ラケット感情から抜け出すには…… 162

第❺章　心理的ゲーム　－ついついやってしまうイヤな関係－

あなたのまわりでよく起きるこんなケース…… 164
心理的ゲームとは…… 166
バーンのゲームの公式…… 167
カープマンのゲーム・トライアングル…… 168
ワーク1　職場の心理的ゲーム…… 169
ワーク2　職場のゲーム分析…… 173
感情の積立貯金…… 176
ワーク3　ゲームの中止…… 177
心理的ゲームをやめるには…… 179

第❻章　時間の構造化 −充実した時間の創造−

PRESENT…… 185
時間の構造化とは…… 186
6分野の時間の構造化…… 187
- ワーク1　これからの時間の構造化…… 192

時間の有効活用…… 195
- ワーク2　生産的時間の構造化…… 197
- ワーク3　時間の構造化とマネジメント…… 198

第❼章　ミニスクリプト −ミニドラマの脚本を描き直す−

人生脚本とは…… 200
ミニスクリプト（ミニ脚本）とは…… 200
ドライバー（駆りたてるもの）リスト…… 202
ドライバー（言葉のメッセージ）とストッパー（無言のメッセージ）…… 203
ミニスクリプトの成り立ち…… 204
ドライバーとストッパーの及ぼす意思決定への影響…… 205
ドライバーとストッパー／その行動特徴…… 206
- ワーク1　あなたを駆りたてているもの…… 207

OKでないミニスクリプト…… 212
OKミニスクリプト…… 213
Not OKミニスクリプト と OKミニスクリプトの比較表…… 215
ドライバー／アローワー…… 216
- ワーク2　アローワーの体験と習慣化…… 217

あとがき − TAを乗り越えて −…… 222

メンタルヘルスに活かす TA
実践ワーク

自我状態分析
－自分を知り、他人を知る－

Transactional Analysisとは

TAとは、Transactional Analysis の略号です（以下、TA と表記します）。

TA は、アメリカの精神科医、エリック・バーン博士（1910 〜 1970）によって創始された人間行動に関する1つのまとまった理論で、集団心理療法を目的として 1957 年に世に出ました。

理論が平易で、わかりやすい日常語で発表されたために、病気の治療の場だけでなく、人と人とが交流する場、ふれあう場（職場・学校・家庭など）で、人間関係の改善や効果的なリーダーシップの発揮を目的として、広く普及しています。

職場においては、コミュニケーションをよくし、生産的なリーダーシップの発揮に大きな影響を与えています。著者が主宰するライフデザイン研究所では、『個人の輝きと健康と組織の活性化』をコンセプトに活動していますが、風通しの良い職場づくりには欠かすことのできない学びの1つだと断言できます。

家庭では、親子関係、子育ての仕方が後のその子どもの人生にどう影響するかが具体的に示されています。また夫婦の対話をより親密にし、幸せな家庭づくりの指針にもなっています。

TA の目的は次の3つです。

(1) 自分を知る
(2) 自分が他の人とどのように関わっているかを知る
(3) 自分の本来の生き方を知る

これまで自分がやってきたやり方（行動パターン）に気づき、それを自分にとって望ましいものに変えていくための手がかりとなる実践的な考え方が TA なのです。

TA は、
(1) 自分自身を理解するための手がかりとなり、
(2) 自分が他人とどのように関わっているかに気づき、

Transactional Analysis

（3）自分が今、歩んでいる人生がどのようなもので、それが一体何によって決められたのかに気づき、

（4）自分が今までに無意識にやってきた行動、考え方、感じ方のもとになっている要因に気づくことに役立ちます。

TAの究極的なゴールは、個人の自律性を高めることです。

自律的な人間とは、自分の思考、感情、行動に自分で責任のもてる人をいいます。そのためには「"いまここ"での気づき」「自発性」「親密さ」の3つの能力が必要です。

「気づき」とは、"いまここ"に起こりつつあることを知っていることです。「気づき」は"過去"あるいは"未来"ではなく、"いまここ"でのみ、なされます。ですから、自律的な人は"いまここ"に生きている（存在している）人といえます。

いま自分が抱えている問題を解決し、さらに自分自身を変えて、成長するためには、自己への"気づき"と"理解"が必要です。自分を理解することは同時に、他人を理解することでもあり、さらに他人との関わり合いの中から、他人という鏡を通じて自己への理解を増していくことができるようになります。

「自発性」とは、自分自身で主体的に適切な意思決定のできる能力をいいます。自発的な人は、ただ単に自分の運命のなりゆきに身をまかせるのではなく、自分の潜在能力や可能性に目的をもった方向づけを与えて、生きていくことのできる人です。

自発的な人は、自分の責任で「やりたいことをやる自由」があり、それは、悪用したり、他人の犠牲のうえに成り立つものではありません。

「親密さ」を持ち、自分で自分を覆っているいくつもの仮面を捨て去り、こころを開いていけば、他人とイキイキとした交流をすることが可能になります。他人と本当の関わり合いをもち、他人に対する親密な感じを交換し合い、自分の中に湧きあがるあたたかさや優しさなどを大切なものと実感しながら生きていくことは素晴らしく、人生の目的の1つでもあります。

TAの扱う領域は
- 私たちの行動のしかた
- ものの見方や考え方（思考）
- 感情のもち方・反応のしかた
- 取組姿勢や態度

で、これらの行動・思考・感情・態度は、集約すると私たちの「性格」であり、ひいてはそれは私たちの生き方そのものの現われなのです。そして、これらの行動・思考・感情・態度は気づくことによって変えることのできるものなのです。

以上のように、TAは自律性を高める1つの道具です。しかし、この道具は決して他人を変えたり操作したりするためのものではありません。あくまでもその対象は自己にあります。

この道具が素晴らしいものになるかどうかは、用い方（使い方）次第です。

2つの基本的前提

(1) ストローク（およびディスカウント）

TAでいうストロークとは、「なでる」「さする」といったもともとの意味から広げて、「他の人の存在を認めるための働きかけをすること」をいいます。肉体的な接触のほかに、「ほめる」「はげます」「挨拶する」というものもストロークですが、その一方で、「叩く」「叱る」といったものもストロークです。前者を"肯定的ストローク"、後者を"否定的ストローク"といいます。

その一方で、「相手の存在を認めず、無視すること」が"ディスカウント"であり、ここには多くの問題が含まれています。

(2) 時間構成

私たちは、自分の一生という時間を、仕事や遊び、休息といったさまざまな使い方をしていますが、TAではこの時間の使い方を"構造化"と呼び、どのようなストロークを求めて、あるいはどのようにストロークを避けて時間を使っているか、という観点から検討します。つまり、TAでは、ストロークをどのような形で受けるように時間を使っているかでその人の生き方のパターンが決まってくると考えています。

4つの分析

エリック・バーンは、神経症の患者を分析しているうちに、これが自分だ（これを自我といいます）と思っているものが、いくつかの状態にはっきりと変化することに気づきました。その自我の状態は、P（Parent）、A（Adult）、C（Child）の3つに区別され、そのときどきにこころのエネルギーのようなものが1つの自我に集中し、その人を別人のように見せるのです。

Transactional Analysis

(1) 自我状態分析

　TAでいう自我状態とは、「これが自分である」という場合の「これ」にあたるものですが、そのときの考え方、感情、態度、行動の様式などに自分で気づくための分析の枠組が「自我状態の分析」です。実際に自我状態を分析する際には、自分の中には3つの異なった自分があり、それがその時々に応じて顔を出すことを明らかにします。

(2) やりとり分析

　自分の中に3つの自我状態があるように、相手の中にもまた3つの自我状態があります。この3つの自我状態という考え方を使って、自分が相手とどのような関わり合いの仕方をしているのかに気づくための分析の枠組が「やりとり分析」です。

(3) ゲーム分析

　TAでいうゲームとは、自分でも知らず知らずのうちに繰り返してしまうある種の行動パターンのことです。結果がわかっている夫婦げんか、気まずい思いを残す同僚とのやりとりなど不愉快な後味を残すことが多く、TAではこのようなゲームを分析して、その仕組みに気づき、避ける方法を示しています。

(4) 人生脚本分析

　TAでは、私たちの一生というものは、ちょうど一編のドラマのようなもので、それぞれの人がそれなりの脚本を持っていて、自分の人生という舞台で、脚本に書かれている役割を演じているのだと考えています。その脚本はどのような内容なのか、どのようにしてその脚本ができあがったのか、そして脚本を書き換えるにはどうしたらいいのか、などについて展開するのが、「人生の脚本分析」です。

自我状態分析とは「自分を知り、他人を知る」

わたしは何者か？

> **ケース①**
>
> B営業課長は、新規開拓のプロジェクト会議の席で、メンバーたちの意見をイライラしながら聞いていました。あるメンバーは「このプロジェクト自体が現実を知らない経営陣の机上論だ」と主張し、またあるメンバーは、「斬新な商品を製造しさえすれば売れるんだ」と製造部門の責任を取り上げています。プロジェクトに参加している企画課のメンバーは、「製造部門が悪いのではなく、従来からの売り方に問題があるんだ」と主張し、大半のメンバーを敵にまわしています。
>
> 他責のメンバーばかりが集まる中、ついにB営業課長の堪忍袋の緒が切れ、机をバシッと叩きながら立ち上がり、「他部門の悪口ばかりで、いっこうに話が前に進まないじゃないか。そんな主体性のないお前たちだから、何も進歩がないんだ」とメンバー全員をひとりひとり睨みながら、威圧しました。
>
> メンバーたちの萎縮したり、すねた顔を見たB営業課長は、感情的にヒステリックになってしまった自分にどぎまぎしながら、メンバーの視線を避けるようにして、「よく考えてみなさい！」と言って、部屋を出て行きました。
>
> **ケース②**
>
> B営業課長は、喫煙ルームに立ち寄り、ひとりになって、いま怒鳴ったことをふりかえっていました。B営業課長は部下育成に信念をもっていました。それはメンバーの存在そのものを尊重し、関心を寄せ続けるというスタンスでした。その考えをもっていれば、部下たちの愚痴は愚痴として冷静に受けとめ、日頃の労をねぎらいながら、話題を進展できたのだが…。
>
> **ケース③**
>
> 午後、B営業課長はメンバーのひとりの営業に同行しました。日頃からお世話になっているお客様との会話が盛り上がっています。趣味やスポーツの話題で笑い声が絶えず、まるでやんちゃ坊主の集まりのような雰囲気です…。

両親にそっくりなわたし

P（Parent）は、子どものときに両親（両親の代わりとなる人）の言っていることやっていることを見たり聞いたりして、いつのまにかそれを取り込んでつくりあげたわたしの部

Transactional Analysis

分をいいます。

Parentのメッセージは、批判的であったり、道徳的なものであったり、励ましであったり、支持するものであったりします。（ケース1のB営業課長）

例えば、ある人から困難な課題解決の依頼を求められた場合、筆者は、「人間は努力してこそ価値がある。困難は買ってでも引き受けよ！」という過去の親からのメッセージを再生テープのように聞き、困難な課題を懸命にやり遂げます。一方スタッフのひとりの場合は、「そんなに苦労することないのよ」という両親の声を聞き、自分には無理だと思う課題は即座に断ってきます。

冷静な大人のわたし

A（Adult）は、"いまここ"でどのようなことが起きているのかについて冷静に思考、行動する状態で、思考力、判断力が発達するにつれて、考えながら物事に対処する過程でつくりあげられたわたしの部分です。（ケース2のB営業課長）

子どものときのようなわたし

C（Child）は、親からの影響を感覚的、感情的に受け取り反応する過程の中で、感情的な反応の仕方を身につけてできあがったわたしの部分です。（ケース3のB営業課長やケース1の萎縮したり、すねるメンバー）

子どもの頃にふるまったように、天真爛漫に自由にふるまったり、上司から怒られると、まるで子どもの頃のように萎縮し顔色をうかがうなどの態度に見受けられます。

自我状態の形成過程

（1）脳の成長

年齢（歳）	重さ（g）	容積（ml）
0	350	330 （30%）
1	825	750 （60%）
3	1,115	960 （80%）
6	1,250	1,060 （88%）
12	1,338	1,150 （96%）
20	1,378	1,200 （100%）

（2）自我の形成過程

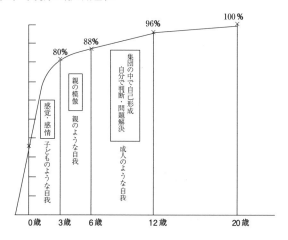

第1章　自我状態分析 －自分を知り、他者を知る－

　下図の通り、Parent（以下、ペアレント）と Child（以下、チャイルド）は、対人関係の場面で、2つの働きに分かれます（Adult…以下、アダルトは分かれない）。これを、対人関係の場面で、どのような態度、行動をとっているかという機能分析といいます。
　筆者は、この5つを自我とか、機能分析などとは呼ばず、「5つのこころのチャンネル」と名づけています。これ以降は、こころのチャンネルと表現します。

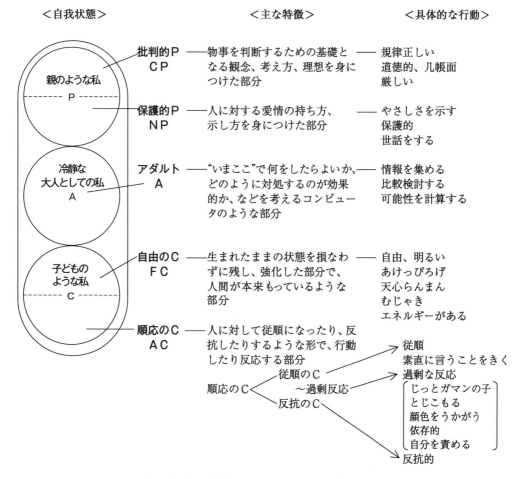

5つのこころのチャンネルを詳しく補足しておきましょう。

CP

　親が子どものよりよい人生を願って、人生の指針となる行為（指示・命令・許可・禁止）を示し、子どもがその行為などをマネすることによって形成されます。良心の形成や理想のもち方、物事の判断をするための基礎となる価値観に関連します。
・価値観で判断する（良心、道徳心、正義感）
・伝統的思考で規律を守る（文化習慣、伝統を尊重）
・責任をとる（指示命令、覚悟）

Transactional Analysis

- 理想と使命をもち方向性を示す
- けじめをつける（白黒、良い悪い、几帳面）
- 自分を大切にする（信念、志を貫く）
- リーダーシップ（明確な目標と宣言、叱る）

NP

子どもの成長を助けるような保護的、養育的な親の行為などから子どもが学ぶ部分で、親身になって面倒をみたり、慰めたり、温かい言葉をかけるなど、人に対する愛情のもち方、示し方を身につけたこころのチャンネルで、ストロークと深いつながりがあります。

- 他人にやすらぎを与え、他人の幸せを喜び、親密な関係を促す（受容する、寛容・寛大）
- 他人の感情や立場に共感する（配慮、思いやり）
- 他人の成長を促す（養育する、励ます、勇気づける、ほめる、慰める）
- 他人を愛する能力（慈愛、信頼する、許す）
- 他人を大切にする（親切、世話好き）
- リーダーシップ（自発性を促す、賞賛する）

A

私たちの中にあるコンピュータのようなこころのチャンネルで、事実に則したデータの収集、整理、統合をし、問題に適切に対処します。理性（知性）と関係し、合理性をもち、冷静な計算に基づいて効率、生産性、現状分析、原因追求などをし、感情に支配されることがありません。

- 情報を収集し、取捨選択する能力
- 現状認識能力（"いまここ"で、何をしたらよいのか、何が必要なのか、どのように対処したらよいのか考える）
- 論理的思考能力（筋道をたてて物事を考える、多面的に観察し、分析、評価する）
- 問題発見・問題解決能力（冷静な考察、効率的な対策を合理的に提案し実行する）
- リーダーシップ（感情に流されない合理的、客観的な姿勢）

FC

両親からのしつけの影響が少なく、ありのままの自己を表現するこころのチャンネルです。拘束や束縛を嫌い、欲しい、欲しくない、好き嫌いをはっきり表現します。快を求め、不快を避ける本能的なこころのチャンネルで、感情の宝庫であり、エネルギーの源です。マネジメントではモチベーション（コミットメント）に関連します。

- 自然の感情を感じたまま表現する（泣きたいときに泣き、笑いたいときに笑う、感情を素直に表現する）

- 自己中心的な主張（わがまま、勝手気まま）
- 快を求め、不快を避ける（欲しいものを欲しいときに）
- 楽しむ、陽気、ほがらか
- 創造力がある（直感力、ひらめき、自由な発想）
- エネルギーの源（感情の宝庫、好奇心、やる気、活動的）
- リーダーシップ（快楽に従う、エネルギッシュ）

AC

両親によってしつけられ、順応することなどにみられるこころのチャンネルです。

親の愛情を失いたくないという本能から、あるがままの自分を抑えて、他人に対して従順になったり反抗したりします。

- 素直に順応する（従順、同調、素直、忠実）
- 他人の期待や欲求に応える（基準が他人の欲求）
- 自分の欲求を抑える（イイ子、慎み深い）
- 相手を喜ばせ、満足させ、信頼を得る（気配り）
- リーダーシップ（集団の協調性を促進する）
- 反抗しつつ適応する（嫌々従う、仕方なく同調する）
- あからさまでない攻撃性（引延ばす、黙り込む）
- 相手の怒りを喚起する（すねる、ひねくれる、文句）

エゴグラムとは

自我状態の概念をつかって自分を変革する方法のひとつに、J. デュセイによる「エゴグラム」があります。

J. デュセイはエゴグラムを「プロフィールまたは肖像画、心理的な指紋のようなもの」「人について、"いまここ"での豊かで複雑な内的自己をいかに予測するかについて示すもの」などと述べています。

エゴグラムは私たちの自我状態 PAC の心的エネルギーが各個人にとって一定であるという仮説にもとづいて、その心的エネルギーの量をダイヤグラムとして表すように作られました。したがって、1つのこころのチャンネルを集中的に増大すれば、他のこころのチャンネルが減少することになります。

エゴグラムは、自分のこころのチャンネルの現状に気づき、人格のよりよいバランスを回復するために、自分が望む状態へ変革する具体的な方法として、心的エネルギーの分配をいろいろな形で変えることができます。

エゴグラムは心的エネルギーの量を個人の自我が観察可能なこころのチャンネルとして表すため、「機能的療法」などとも呼ばれています。

Transactional Analysis

特別ワーク　心理検査『新版 TEG Ⅱ』を実施しよう

　それでは早速、新版 TEG Ⅱ を実施しましょう。53問に回答をし、エゴグラムを完成させたという前提で、「自分を知り他人を知る」ための3つのワークをご紹介します。

　新版 TEG Ⅱ は信頼性・妥当性が高く、

（1）男性、女性に表示尺度が分かれている
（2）妥当性尺度が設けられ、応答者の回答の妥当性をみることができる
（3）疑問尺度が設けられ、防備的な態度や決断力に乏しく優柔不断な人の回答を把握できる

などの特徴があります。

　＊新版 TEG Ⅱ（東大式エゴグラム）は、東京大学医学部心療内科 TEG 研究会が開発したエゴグラムで、金子書房が発行しています。53問のシンプルな問いに答えることにより、自分のパーソナリティを理解することができ、自分の生き方をより豊かにしていくためのヒントが得られます。

お問い合わせ先：株式会社 金子書房
〒112-0012　東京都文京区大塚 3-3-7　TEL：03-3941-0111（代表）

品名
●新版 TEG Ⅱ　用紙（30名分1組）　　　　　　　　　自己採点用
●新版 TEG Ⅱ　用紙（10名分1組）　　　　　　　　　自己採点用
●新版 TEG Ⅱ　マーク式用紙（10名分1組）　　コンピュータ採点用
●新版 TEG Ⅱ　実施マニュアル（手引）
●新版 TEG Ⅱ　解説とエゴグラム・パターン
●新版 TEG Ⅱ　活用事例集

✎ ふりかえり&ポイント

①新版 TEG Ⅱ の集計を終えたら、シート「PAC を見分けるポイント」「自我状態の肯定的要素と否定的要素」などを参考に、丁寧にそれぞれのこころのチャンネルの要素を説明します。

②説明を終えた後、ペアやグループで、お互いのエゴグラムを見せ合いながら、気づいた点などを話し合います。大切なポイントは、上司や部下など、職場のメンバーから、客観的に自分のエゴグラムを読み解くことです。相手からすると、どのように見られているだろうかと、相手の立場になって理解を深めることです。

エゴグラムの見方のポイント1

(1) 一番高いこころのチャンネルの内容の理解を深めます。
(2) 次に一番低いこころのチャンネルの内容の理解を深めます。
(3) ペアレント（CP と NP）の優位型を理解します。

CP 優位型「あなたは OK でない」

例えば、相手を認めようとせず、責める・叱ることが多い。
　　　　相手を自分の思い通りにさせることがある。

　責任感が強く、義理堅い人で、部下の面倒をみますが、基本的には他人否定のスタンスを有し、権威的、支配的な面が強い。自由にふるまったり、遊びに興じる人に抵抗を感じやすく、理想を唱える反面、伝統遵守的です。完全・完璧を要求することが多く、他人の不評をかうことがあります。

> 　CP が強すぎると、こころのチャンネル全体が CP に振り回されてしまいます。たいていの場合、親もしくは親に代わる人から何かの厳しい制限を受け、それをそのまま他人に押しつけようとします。
> 「まだまだ甘いんじゃないか！」
> 「懸命さが足らないんだよ！」
> 「もっと早くしろ！ お前はいつものろまなんだから！」
> と、親のとった態度を再現し、他人の幼児的な面（チャイルド）をオーバーに見て、威圧します。このタイプの人と一緒に仕事をしていると、楽しい雰囲気もしらけてしまい、職場は活気を失います。
> 　また、CP はその刃を他人でなく、自分にも向けます。自分の内部で CP が AC を強くコントロールし、常に「イイ子」を強制するため、緊張感から解放されません。

NP 優位型「あなたは OK」

例えば、相手を認め、責めるよりもほめることが多い。
　　　　相手を受け入れ、相手の思い通りにしてあげる。

　他人を受容し、強要を好まず、思いやりをもって交流することができる人で、基本的に他人肯定のスタンスです。親切で面倒みがよく、自分の主張すべきことは意を尽くして穏やかに話します。

　（補足）CP は悪いもので、NP が良いものということではありません。シート「自我状態の長所と短所」の通り、それぞれの自我状態には良い面と悪い面の両方を併せ持っています。
　TA 研修での一例をご紹介します。
　ある通信会社の参加者は、「うちの上司は提案をしろ、アイデアを出せというものの、提案するとダメ出しばかりで、保守的で困っています。だから、もう少し、提案を受け入れる NP があるといいのですが…」

Transactional Analysis

　また、ある航空会社では、「うちの上司は優しいのですが、わたしたちが部下を叱ると、上司がなだめてしまい、わたしの立場がありません。上司はもっと理想を掲げ、グイグイと引っ張って欲しいのです」とCPの上司を望んでいました。
　それぞれおかれた状況が違うわけですから、望まれる（求められる）こころのチャンネルも違うのです。

(4) チャイルド（FCとAC）の優位型を理解します。

FC優位型「わたしはOK」
　例えば、自分を責めることなく、自由に楽しむ。
　　　　　自分を認め、思い通りに行動する。
　感情や要求を自由に表現できるので行動が先行します。遊び、芸能、芸術などの領域で活動できる人といえます。基本的スタンスは、自己肯定的で、自信をもち、明朗で楽しい面をもっています。利己的な面があり、トラブルを起こしても、周囲に甘え、責任をとろうとしないことがあります。
　"○○したい""○○が欲しい"など、自由に自分の欲求を主張できるので、比較的ストレスがたまりにくい傾向にあります。

AC優位型「わたしはOKでない」
　例えば、自分を責め、認めようとしない。
　　　　　自分の思い通りにせず、人に合わせてしまう。
　他人依存タイプで、"自分がない"人で、相手の期待にこたえようとします。自己否定的なスタンスで、自己卑下、遠慮の言葉が多く、こうした過剰適応の不満が高じて、消極的な反抗が現れることもあります。対人関係では、非主導的で、自立を促しても、なかなか応じないところがあります。

> 　自分の欲求を抑え、相手に合わせてばかりになるため、ストレスをため込みやすい傾向にあります。さらに、反抗やすねるという形でかかわると、相手は不快になり、ときには怒り、健全な関係が築きにくくなります。ますます孤立し、肝心なストレスの緩衝材（ソーシャルサポート）が得られず、セルフケアの面で悪循環となります。

　＊OKとは、安心感がある、愛されている、生きている価値がある、正しい、強い、役に立つ、優れている…などです。OKでないとは、愛されるに値しない、無知である、のろまである、失敗する、何をやってもダメ、劣る…などをいいます。

(5) アダルト（A）の位置を確かめます。

〔アダルト優位の場合〕
　情緒よりも知性がまさり、合理性、能率性、生産が優先する傾向をもちます。落ち着いた態

度を保ち、他人を強く批判したり、自己を卑下したりするところが少なく、多角的に物事を観察し、平等、公正な評価を下します。対人態度は中立的で、ギブ・アンド・テイクで物事を処理します。

〔アダルトが低い場合〕
　非合理性、無計画で、冷静に考えるのが苦手。現実認識が偏っており、感情的になることがあります。

（6）低いこころのチャンネルの傾向を読み取ります。

低いCP　他人や社会を批判したり攻撃したりせず友好的です。子どものしつけや部下の対応に甘いところがあります。

低いNP　閉鎖的で愛情不足。他人にあまり関心がなく、思いやりに欠けます。

低いA　非合理的で、無計画な傾向があります。問題が生じた際、その真因や根因を絶つことをしないため、同じ問題やミスが生じることがあります。

低いFC　感情表現が乏しく、物事を楽しめません。閉鎖的で消極的な印象を与え、享楽的な人を好みません。

低いAC　非協調的な人で、頑迷で融通がききません。他人にまどわされないので、個性の強い人と評価されるかもしれません。

（7）ペアレントとチャイルドの比較をします。

　ペアレントの得点（CP + NP）の合計と、チャイルド（FC + AC）の合計得点が極端な場合にのみ、エゴグラムの理解を深める1つのポイントとして、確認いただく程度でよいかと思います。ペアレントは、上記の通り、「あなたはOK、OKではない」という要素が多く、相手に関心が向きがちです。一方、チャイルドは、「わたしはOK、OKではない」という要素が多いため、自分に関心が高い傾向があります。極端にチャイルド（FC + AC）の得点が高い場合は、やはり幼稚な面がみられることがあります。

エゴグラムの見方のポイント2

　エゴグラムの一番高いこころのチャンネルは、以下の特徴をもっています。
（1）プレッシャーや緊張は、一番高いこころのチャンネルでキャッチし、そのこころのチャンネルで特徴的な行動をはじめます。
（2）他人との関係をもつとき、一番高いこころのチャンネルで接する傾向があります。
（3）意思決定の際も、一番高いこころのチャンネルでしがちです。
（4）自己変革に抵抗し、変化を止めようとするのもこのこころのチャンネルです。

Transactional Analysis

PACを見分けるポイント

	特徴的な言葉	特徴的な行動	特徴的なかかわり	特徴的な思考・態度
CP	～するのが当然だ ～すべきである ～しなければならない もっと完全にしなさい だめねぇ… ～は良い　～は悪い 私が～してやった （恩着せがましい） 理屈はどうあろうとも～	足を組む、腕組をする 睨みつける 尊大な態度 大声で怒鳴る 額に縦シワをつくる 眉をひそめる 人差し指で指示する 腰に手をやって	自分と異なる意見を排斥する 特別扱いを要求する 小さなミスを許さないで責める 人を小馬鹿にする 人を見下す	自分が中心 過去的傾向 権威を尊ぶ 封建的 保守的 排他的
NP	～してあげよう よくできたよ あなたの気持ちわかるわ 可哀想に まかせておきなさい がんばりましょう もう大丈夫ですよ	うなずいて話を聞く 温かい微笑み やさしいまなざし だきしめる 握手する 拍手する	慰める　勇気づける 思いやる 安心させる 寛大に受け入れる（受容的） 世話をやく 頼まれるとついやってあげる	他人が中心 相手のことを思いやる 他人を安心させることを優先する 相手の立場に立って考える
A	誰が、いつ、どこで、何を、なぜ…５Ｗ３Ｈ データによると 原因は何ですか？ 具体的に言うと ところで、あなたの意見は？ 私の意見では…	姿勢がよい 一定の音調（単調） 落ち着いた態度 冷静に観察 言葉が選ばれている 計算されている	事実を具体的に説明する 全体的にリラックスしている 今ここで何をする必要があるかを、よく分かっている 地に足がついている 相手の情報の収集	"いま"ここが中心で必要性に基づいて決断する 感情や"～ねばならない"に支配されない "いまここ"で何が必要かを考える
FC	わぁーすごい 最高！（最低） 素晴らしい！ 感激だわ！ あっ、ひらめいた 楽しい　愉快だ カッコイイ ～したい　～欲しい ねぇ見て見て…	自由な感情表現 よく笑う はしゃぐ ふざける 明るいユーモア ときに空想的 いたずらをする 衝動的な行動	素直に甘えられる 一緒に楽しむ 自由な自己表現 相手に遠慮せずにものを頼める ふざけ合う くったくのない関係 自発的・活発的 周りを明るくする	自分が中心 自然な感情を表現する 他人のことには無頓着 快・不快原則に従って考える 現実の場を全体的には観察しない
AC	どうせ私なんか ちっとも分かってくれない もういいんです やればいいんでしょ どうせ気に入らないんでしょ 私にはできません はい、でも	ボソボソ声 目線が落ち着かない うつむきがち つくり笑いをする しぶしぶ行動する びくびくしている じれったい 遠慮がち 皮肉を言う 取り入る	迎合的 過剰な順応 ときに攻撃的、反抗的 遠慮がち 周りを気にする	自分を堂々と主張できない 後悔することが多い リーダーシップをとれず、依存的 突然、攻撃的になる

自我状態の肯定的要素と否定的要素

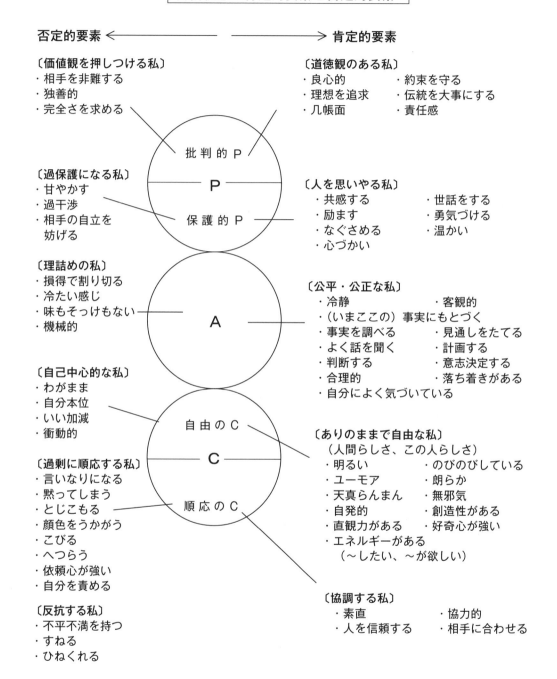

Transactional Analysis

📖 ワーク❶ わたしは何者？

✏️ ワークのねらい

　エゴグラムを開発したJ. デュセイは、エゴグラムを「性格のプロフィールまたは肖像画、心理的な指紋のようなもの」さらに、「直観は欠かすことのできない見方である」とし、現在のような質問紙法ではなく、直観で描いていました。直観的に描いても、80％ほどは正しいといわれています。
　このワークは、エゴグラムを直観的に描こうとするステップです。

✏️ 進め方

① B4サイズほどの画用紙とクレヨン、色鉛筆などを準備します。最初の2枚のワークシート①、②は、研修開始時のアイスブレイクなどで行うと良いでしょう。
②「みなさんは自分自身をどのようにイメージしているでしょうか。このことに気づくために、ワークシート①に絵を描いてみましょう。テーマは『わたし』です。制約は何もありませんが、頭に思い浮かぶままを描いてください。自画像でも、風景でも、抽象画でも、「これが自分」というものを絵で表現してください」などと述べながら、絵を描く時間を設けます。
③絵が描けたら、ワークシート②に移ります。何気なく絵を見ながら、良い点と悪い点を書けるだけ記入します。
④ペアになり、絵を相手に見せながら、自己紹介します。ワークシート②の内容も紹介します。自己紹介を終えたら、絵を見た感想や説明から受けた感想をフィードバックし、重複しない程度にフィードバックしてもらった内容をワークシート②に書き加えます。
⑤グループで他己紹介に移ります。ペアの相手とそれぞれのワークシート①、ワークシート②を交換し、相手になりきって、「わたしは…」と主語をつけながら、他メンバーにわかりやすいように自己（ペアの相手）紹介します。一人ひとり紹介を終えたら、簡単に絵や説明からの感想などをフィードバックします。④と同じように、重複しないように、フィードバック内容を書き加えます。
⑥新版TEG Ⅱを実施し、各こころのチャンネルの詳しい解説を終えた後、ワークシート③の1）〜30）に、自分の性格や行動パターンなど、思いつくまま箇条書きに表現します。記入の際、ワークシート②の中からしっくりくるものを転記することも歓迎します。
⑦自分について表現した内容を、ワークシート③の右側の自我状態の該当する枠にその

数字で記入します。すべて記入を終えたら、新版 TEG Ⅱのエゴグラムに数を加算して書き写します。

ふりかえり&ポイント

①この方法は、かなり極端に表示される傾向がありますが、肝心なことは、ペアレントとチャイルドの傾斜が新版 TEG Ⅱと同じかどうか、アダルトの位置はどのあたりか…など、新版 TEG Ⅱのエゴグラム結果と見比べることにあります。
②加算した数字の転記を終えたら、ペアやグループで、気づいた点などを話し合います。

Transactional Analysis

ワークシート①

<u>わたしは何者?</u>

≪テーマ≫「わたし」

ワークシート②

≪テーマ≫「わたし」

≪良い点≫ 例：人当たりが良い

① _____　② _____
③ _____　④ _____
⑤ _____　⑥ _____
⑦ _____　⑧ _____
⑨ _____　⑩ _____
⑪ _____　⑫ _____
⑬ _____　⑭ _____
⑮ _____　⑯ _____
⑰ _____　⑱ _____
⑲ _____　⑳ _____

≪悪い点≫ 例：ストレスをためやすい

① _____　② _____
③ _____　④ _____
⑤ _____　⑥ _____
⑦ _____　⑧ _____
⑨ _____　⑩ _____
⑪ _____　⑫ _____
⑬ _____　⑭ _____
⑮ _____　⑯ _____
⑰ _____　⑱ _____
⑲ _____　⑳ _____

Transactional Analysis

ワークシート③

わたしは何者?

（例）わたしは几帳面なたちである。

1)
2)
3)
4)
5)
6)
7)
8)
9)
10)
11)
12)
13)
14)
15)
16)
17)
18)
19)
20)
21)
22)
23)
24)
25)
26)
27)
28)
29)
30)

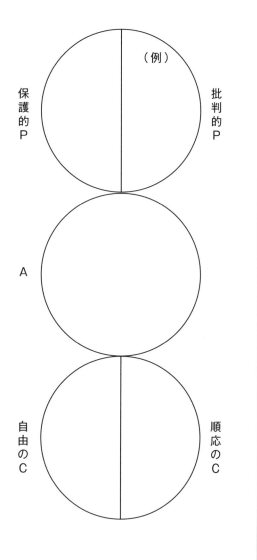

ワーク❷ オーバーラップ・エゴグラム

ワークのねらい

　仕事をする上で、相性が悪い、うまくいっていない、トラブルになりがちな相手との関係を視覚化することにより、その原因を理解し、さらに打開策やヒントを得ます。ふたりの関係を視覚化し、客観視することで、関係性の理解を深めます。

進め方

①仕事をする上で、うまくいっていない相手をひとり思い浮かべ、その相手のエゴグラムを下記の事例のように想像します。

②ワークシート「オーバーラップ・エゴグラム」を配布し、各こころのチャンネルを左側に棒グラフでエネルギー量を描きます。

（注）描き方のコツは、「エゴグラムの見方のポイント1」（11ページから）が参考になります。まずはもっとも高いと思われるこころのチャンネルを想像し、棒の高さを記入します。次に最も低いと思われるこころのチャンネルを想像して棒を記入します。そして、ペアレント（CPとNP）とチャイルド（FCとAC）の傾きを考えて残りのこころのチャンネルを描きます。最後にアダルトの位置を記入します。記入を終えたら、全体のバランスを確認し、修正が必要であれば微修正を加え、棒グラフによる互いのエゴグラムを完成させます。

（注）オーバーラップ・エゴグラムは、重なりの度合いが把握しやすいように、折れ線ではなく、棒グラフで表示します。

③次に自分のエゴグラムを上から逆向きに（同じこころのチャンネル同士が対応するように）棒グラフで描きます。

④上下から重なり合っているこころのチャンネルは、その重なっている間の点数を下段に記入します。

⑤参加者から書き終えたケースを2名ほど提供いただき、ホワイトボードなどに、全員が見えるように転記します。当然ながら、相手方の名前をはじめ、個人を特定しやすいような内容にはふれず、"Aさん"などの仮名で進めます。

　オーバーラップ・エゴグラムでは、「重なった点数が高いこころのチャンネル」「重なった点数が低いこころのチャンネル」「重なっていないこころのチャンネル」の3点を見ることがポイントです。

Transactional Analysis

　重なった点数が高いということは、ふたりがそのこころのチャンネルの長所と短所を共通してもっているということです。そして、重なった点数が低いということは、そのこころのチャンネルから発する言動がかみ合わないか、一方が他方を補うかたちで関係を維持しているといえます。重なっていないということは、ふたりともがそのこころのチャンネルが低いということですから、ふたりの関係の弱点といえます。

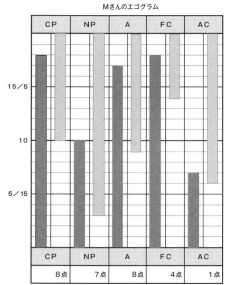

　Mさんの事例をご紹介しましょう。
　Mさんは、直属のF部長とペースなどが合わず、仕事がやりにくいという悩みをずっと抱えてきました。Mさんがていねいに報告などを提出してもF部長は詳細に聞いている様子がなく、いつも適当に扱われます。ていねいな仕事をすることを大切に、そして、周囲への気遣いを欠かさないMさんなのですが、F部長は、その逆とも思える仕事ぶりで、ていねいさよりもスピードを求め、周りへの気遣いよりも結果を重視します。そのため、会議などでもすれ違うことが多く、部下や後輩なども、どちらに従うべきか、ときに迷うこともあるようです。
　いつもプレッシャーを与えられている感じが抜けず、休日も仕事のことばかりが気にかかっています。

F部長のエゴグラムは、「論理肌型（自己中心振りまわし型）」

　CPが高いため、成すべきことを成す責任感が強く、Aで論理にも優れ、FCによる心的エネルギーも高いので、集団の中に入るとすぐにリーダーシップをとるタイプです。しかし、CPとFCが高いことから独善的になりやすい傾向があります。コツコツと同じ仕事をこなすよりも、他人がやりたがらないような仕事を好んでスピードを大切にし、成果を出すことに意欲を示す傾向があるようです。

Mさんのエゴグラムは、「ボランティア型（縁の下の力もち型）」

　NPが高く、思いやりがあり、他者への面倒見が良く、気配りをします。ACが高いので、頼まれると決して"NO"といえず、人に追従する傾向があります。自分のことよりも他人のことに一所懸命になれる人で、"滅私奉公型"ともいわれています。
　リーダーとしては、穏やかにチームをまとめていきます。Aが低いため決断力に欠け、優

柔不断でメンバーの目には頼りがいのない上司として映ることもあります。自分ひとりで問題を抱え込み、メンバーを育てられない人という印象を与えがちです。

　仕事に支障をきたすようでは困りますが、組織で働く以上、上司が代わるたびに、部下も上司によって多少の仕事の仕方・進め方の変化を求められるのは仕方のないことだといえます。また、相手を変えることは不可能ですから、相性の合わない上司に対して、どうこちら側が変わるかという姿勢を前向きに覚悟しておくことが肝要です。変わるということは、多大なエネルギーを費やしますが、変わることが常態化すると、変化により適応しやすくなり、メンタルヘルスの面でも耐性が磨かれるということになって一石二鳥です。

　さて、今回の事例では、ていねいに「報連相」を持ちかけても熱心に聞く耳をもたない上司ですから、F部長は、そういうことを気にしないタイプだとある程度割り切り、Mさんもその分を別の時間に投じてもよいのではないでしょうか（支障が出ては困りますが）。ある程度の割り切りは必要だと思いますし、F部長のような方は、Mさんが割り切ったところで妙な詮索をするようなことはなく、かえって仕事がスムーズにはかどるように思われます。
　F部長は、竹を割ったようなさっぱりタイプのようですから、Mさんが過剰なACを働かせる必要はなく、その分のエネルギーや時間を他に充てても問題ないように思われます。
　大切なポイントは、お互いにAが高いため、Aであればスムーズな展開が望まれそうです。そもそも仕事はAが中心にならざるをえませんが、特にF部長とのやりとりは、Aでのかかわりがスムーズなようです。
　また、CPの重なりも高いので、F部長のCPの要素の中で共感できることがあれば、そのことに関する話題で会話をはじめたり、見習いたいCPの要素があれば、その点は自身のモデルだと思い、自分への課題として認識することができればストレスも減ります。
　というのも、いまリーダーはビジョンを示し、部下を巻き込むことが求められがちな時代です。ボランティア型の人はこの点が苦手な傾向にあり、このタイプのリーダーには、自己変革を求められることもあるでしょう。そう捉えると、F部長のCPは参考になる点も多いのではないでしょうか。参考にしたくない点を無理やり参考にしようなどとはせず、「自分には欠けている〇〇の点は参考になる」という要素を自分に取り組むために話題に上げたり、指導を仰いだり、モデルにするなどで、いまよりは肯定的な関係が築けることと思われます。

ふりかえり&ポイント

　①2つほどのケースを取り上げた後、グループでひとりずつケース検討をします。このワー

クに限らず、TAは自己を開示することに重きを置く研修ですから、事前に守秘義務（この部屋で知り得た仲間の事柄は、部屋を出たら一切口外しないこと！）を徹底し、安全な場（空間）を整えておくことが肝心です。

②発表者はワークシート「オーバーラップ・エゴグラム」をメンバーが見やすい中央に出し、簡単に相手との関係や日頃のふたりのやりとりを説明した後、仲間からヒントやアドバイスを求めます。

　このワークでは、「なんとなくかみ合わないと思っていた相手と自分のエゴグラムを視覚化することで、どこですれ違っていたのかが理解できました」「関係を改善するには、お互いがどのこころのチャンネルを意識する（高める）必要があるのか可能性が見えてきました」などの感想をいただきます。

　J. デュセイは、「夫婦関係を維持するには、最低2つのこころのチャンネルの重なりが必要」といっています。同じ屋根の下で生涯ともに暮らすことを考えれば、似た価値観を持っていることが好ましいのかもしれません。

　他方、職場では多様な人たちとうまくやっていかねばなりませんし、結果を出さなければいけません。夫婦と会社では、求められる関係性の質が違うので、似た価値観を持つよりも、相手との違いから学ばせてもらう（異質から学ぶ）、ともに学び合う、助け合うという姿勢こそが求められます。

　とくに現代のようなグローバル社会では、価値観が違って当たり前で、その多様性（ダイバーシティ）からさまざまな違いを尊重する姿勢が大切です。"違い"を受け入れ、積極的に活かすことにより、変化し続けるビジネス環境や多様化する顧客ニーズに効果的に対応し、企業の優位性を創り上げることが求められます。

ワークシート

オーバーラップ・エゴグラム

わたしのエゴグラム

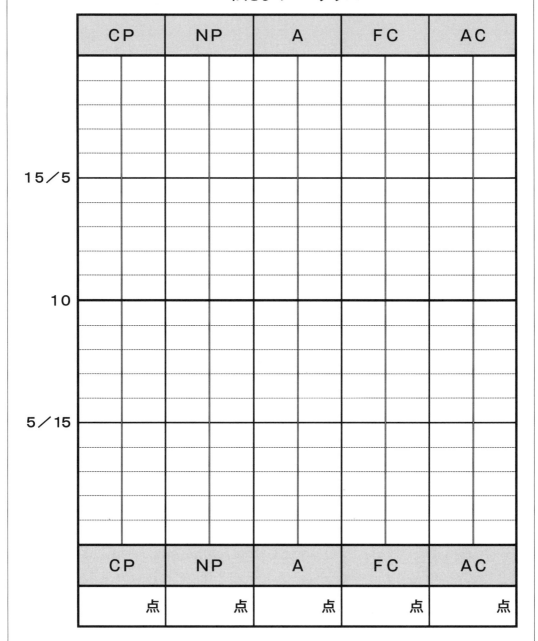

_____ のエゴグラム

精神病理における PAC

こころの健康な人は、3つの自我状態が接続しており、それぞれの境界がはっきりしています。そして、いろいろな状況に応じてチャンネルの出し入れができます。たとえば、可愛い赤ちゃんにはペアレント（NP）で接し、仕事上の問題を解決するときは、アダルトで反応したり、カラオケの時間は、チャイルド（FC）で大いに楽しんだりと、そのときどきの状況に応じて心的エネルギーが自我状態の中を流れて必要なところに集中します。

エリック・バーンは、「自我の境界は半浸透性の膜のようなもので、心的エネルギーは、状況の変化に応じて1つの自我状態から他のものへ自発的に流動する」と述べています。そして、心的エネルギーが、1つの自我状態から他の自我状態へ迅速に動きながら、しかも、アダルトが全体を統制しているとき、その人の行動は理にかなったものとなり、健康な状態といえます。

（1）こころの汚染「偏見と妄想」

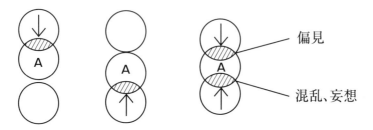

アダルトは、私たちのこころの重役室のような働きをするところで、正しいデータをもち、それにもとづいて可能性を評価し、的確な決定を下し、実行に移すことを可能にします。ところが、このアダルトの境界がペアレントとチャイルドに侵略されて、ペアレントのもつ偏見やチャイルドのもつ恐怖によって、現実状況のデータを見失わせ、それを正すことができなくなった状態を「汚染」といいます。

たとえば、「女の運転は乱暴だ」「女は気まぐれ」「男はみなオオカミ」「他人は信用できない」。会議で嫌な思いをしたリーダーは、「会議なんて時間の無駄！　何の役にも立たない！」などと客観的なデータにもとづいて、正すことなく持ち続けられる意見であるため、信念をもった態度で表明されると、まるで事実であるかのように映ります。

バトラーは、信念と偏見の違いを「信念は怒りの感情を伴わず説明できるが、偏見は相当量の感情を伴うもので、食べ物、宗教、政治、社会階層、人種やセックスなどに関して特定の立場から持つことが多い」と述べています。

チャイルドがアダルトを汚染すると妄想や恐怖症となります。これは幼少期に事実を歪

曲して学ぶことから生じると考えられます。

　一般的には、ペアレントとチャイルドが同時に汚染されることが多く、たとえば、飛行機の不時着陸を経験した人は、「飛行機は危険な乗り物だ！」（ペアレントからの汚染）、「飛行機に乗ったときは、とても恐ろしい」（チャイルドからの汚染）と思い込んだりします。

（2）こころの硬着「しめだし」

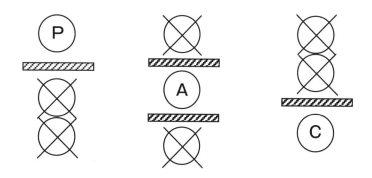

　私たちのこころが健康な状態であるときは、これがわたしという自我状態PACの中を心的エネルギーが流れています。この流れがきわめて速すぎる人は、えてして他人からは刺激的で面白い人だと見られやすいのですが、その人のペースについていけません。エネルギーの流れの遅い人は、何をやるにしてもテキパキさを欠き、その遅さに業を煮やしかねません。

　ところが浸透性の膜を有する自我状態の境界が固定し硬くなって、まるで分厚い壁のように心的エネルギーを1つの自我状態の中に閉じ込め、自由な流動を許さずに他の2つの自我状態を除外してしまうとき、これを「しめだし」といいます。

　「しめだし」の状態にある人は、いろいろな状況に、PACの自我状態のいずれか1つで反応する傾向があります。こうした人は、「常に親」「常に大人」「常に子ども」として反応します。

　このような状態が強固なものであれば専門的治療を必要としますが、私たちは大なり小なり、この「しめだし」に似たような比較的程度の軽い状態をよく経験します。

　いつもペアレント傾向の人は、勤勉で責任感が強く、説教好きで権威的なタイプの人です。このようなタイプの人がリーダーになると、部下をまるでわが子のように扱い、同僚や上司にもあたかも子どもを扱うかのような行動をとります。このような人は物事の現実や合理性を見ようとせず、ユーモアを解することも困難です。

　いつもアダルト傾向の人は、常に客観的で感情を排し、情熱や憐れみの情をもたないロボットや人間コンピュータのごとく働く人です。このようなタイプは、事実やデータにしか関心がなく、部下の悩みや喜びを共感することがありません。楽しい宴会などでは、きわめて退屈な人物と化してしまいます。

Transactional Analysis

　ときおりある例として、技術系や会計などの専門分野で手腕をあげていた人が、リーダーになったとたん、これまでの精彩を欠いてしまい、自信を喪失するケースです。これはリーダーに必要な NP で部下の面倒をよく見たり、楽しいことが好きな FC の自我状態が欠け、部下との対人関係が無味乾燥になってしまうからです。

　いつもチャイルド傾向の人は、典型的なやんちゃ坊主で、座持ちのうまい人に見かけられます。このタイプは、自分で考えること、自分で意思決定すること、自分の言ったことやったことに責任を持たず、行動は刹那的で、道徳的な良心の呵責をあまり感じないように見えます。

　以上のように、私たちには程度の差はあれ、「汚染」にしても「しめだし」にしても、ときによっては、そのような傾向の働きをしてしまうことがあります。このようなときには、"いまここ"の現実状況に何が適切であるかを判断してみることが、このような傾向から抜け出す方法となります。

第1章　自我状態分析 −自分を知り、他者を知る−

📖 ワーク❸　知覚の位置

✏️ ワークのねらい

　仕事上でうまくいっていない人との関係性を、客観的な視点から見つめてみることで、修復へのヒントを得ます。

✏️ 進め方

①椅子を3つ用意し、以下のインストラクションの順番に誘導します。
②ワークの手順を周知するために、講師ファシリテーターが見本を示します。参加者に、「仕事上でしっくりこない人との関係を何とかしたい。その関係性を見つめてみたい…という方？」と声をかけ、ボランティアを1名募ります。

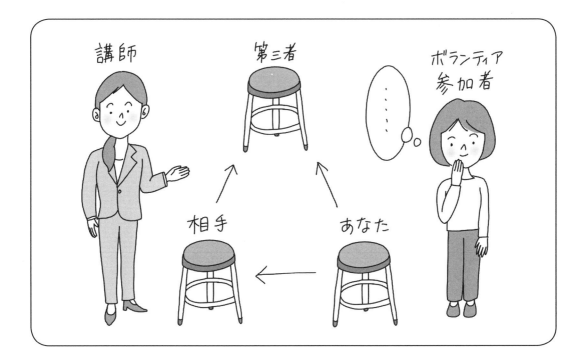

＜インストラクション＞
　ゆっくりと焦ることなく進めます。ボランティアに感謝を述べた後、「焦る必要はない」ことを、ていねいに伝えておきます。

Transactional Analysis

①特定の人を思い浮かべることができますか。
「どのような状況かを話してください。」と問いかけ、日頃のふたりのやりとり（関係性）を解説してもらいます。

②1の椅子はあなたの椅子です。2は相手（○○さん）の椅子です。3は客観的に見ていただく椅子です。今から、視点が変わることで、どう感じることができるかを体験していただきます。（椅子の配置は二等辺三角形になります。以下の演習を体験しながら、椅子の距離間や角度はボランティアにしっくりくる位置に変更してもらいます）

③1の椅子に座ってください。準備ができたら、どう感じているかを教えてください。（ファシリテーターは立って誘導します）

④2（○○さん）について、どう感じますか？　他にありますか？

⑤では、今から3の椅子に移動していただきます。（3の椅子は、ふたりの関係が見える数メートル離したところに準備しておきます）

⑥ふたりの人が見えますね。1の椅子にあなた自身がいますね。（目を閉じても可）
向こうに座っているあなた（1の椅子）は、あなた自身の感情があり、意見を持ち、目標を持っています。そして、○○さん（2の椅子）にも○○さん自身の感情があり、意見を持ち、目標を持っています。
ふたりには、あるパターンが生じています。どのようなパターンなのか話していただけますか？
（○○さんの姿勢、○○さんの表情や態度は？）他に何が見えますか？

⑦次に2の椅子に座っていただきます。○○さんの立場から1の（あなた）がどう見えるのかを体験してください。準備ができたら2の椅子へ移動しましょう。
この人の見解を話していただけますか。（1の（あなた）とのかかわりについて）

⑧時間をとって、その感じを味わってください。
もう少ししたら、1の椅子に戻っていただきます。そのときに最初のときとどう変化したか、違いを話していただきます。…では、1の椅子へどうぞ。

⑨どう感じますか？…「そのことに気づくことは大事なことですね。他に気づいたことはありますか？」などと受容や共感をします。

⑩いろいろな椅子を体験していただきましたが、どこの椅子にもう一度行ってみたいですか？（どの椅子を選びますか？）では、行ってみましょう。

⑪（3の椅子だとして…ふたりが見えますか）将来、あなたがこの位置（選んだ椅子）にいて、どのようなことが役に立ちそうですか？　その場面を思い浮かべてください。

⑫とてもいいセッションでしたね（とてもよい経験をされましたね）。では、終わりにしましょう（終わりにしてもよろしいですか？）。…承認やお礼を伝えます。

⑬「ワークを終えてみていかがでしたか？」と、ボランティアにワークを終えた後の感想を尋ねます。無理をして発言を求めることなく、「もしおっしゃりたい感想があれば

…」といったニュアンスでかかわります。
⑭「いまのワークから何かコメントはありますか?」と、参加者に問いかけます。数人から感想を述べてもらいます。
⑮「進め方に関して質問はありますか?」と問いかけ、各グループで部屋全体を使いながら、それぞれのグループでワークを実施します。(グループで役割〔当事者、進行役、見学者〕の順番を決めます)

✏️ふりかえり&ポイント

ワークを終えたら、「どのようなことに気づきましたか? やってみて、見学してみて、どのような感想を持ちましたか?」と、全体で気づきや感想のシェアをします。

このワークは、からだを動かしたり、イメージを膨らませるなど、五感を刺激するせいか、とても多くの感想をいただきます。このワークは、本来NLP（神経言語プログラミング）のワークなのですが、3の椅子は、まさにアダルトの椅子で、3の椅子から客観的にふたりの関係を見つめることで多くのヒントが得られます。このワークはシンプルですから、職場に帰った後、ひとりでも実施することが可能です。その意味で、ストレス・コーピングの1つに加えていただくことができます。

Transactional Analysis

📖 ワーク❹ : フリーハンド・エゴグラム

✏️ ワークのねらい

　各自我状態（こころのチャンネル）は、それぞれ長所と短所を併せ持っています。新版TEG Ⅱなどをはじめ、通常は長所と短所を分けることなくグラフに表示していますが、このワークは各こころのチャンネルの長所、短所の要素を考えながらグラフ化することで、自己変革のためのヒントを得ます。

✏️ 進め方

①「わたしは何者？」のワークを事前に実施していれば、ワークシート③を用意します。
②新版TEG Ⅱの結果を見ながら、各こころのチャンネルのプラスの面とマイナスの面を想像して棒グラフで描きます。シート「自我状態の肯定的要素と否定的要素」（15ページ）を参考にすると取り組みやすいでしょう。
③描けたら、それぞれの各こころのチャンネルの代表的な要素を書き加え、眺めてみます。
（注）長所と短所の基準は、自分の立場からではなく、一般的な視点に立って判断します。たとえば、FCの「わがまま」というのは、自分自身にとってはポジティブだろうと思います。しかし、「わがまま」をポジティブと解釈して表示してしまうと、自己変革への気づきを妨げ、ますます周囲の人たちから悪評を買うことになりかねません。自分にとってだけ良いという基準は社会性やソーシャルサポートの側面からも問題があるため、解釈に注意が必要です。

✏️ ふりかえり&ポイント

　作成を終えたら、気づいた点を書きとめます。そして、ペアになって、その気づいた点を紹介し、相手からフィードバックをもらいます。

　筆者の家庭では、妻も同業であるため、ふたりで自己研鑽に出かけることもしばしばです。いろいろなアセスメントを受検すると、ほとんど似た結果になり、ふたりして「また同じだね」と驚いています。
　当然ながら、新版TEG Ⅱの結果もそっくりなグラフとなり苦笑いをしていました。しかし、

そんなに似ているかというと、随所に違いを感じるのです。

　わかりやすい例では、同じCPでも、わたしは「意志が強い」という要素での発揮が目立ち、妻は「頑固」という要素の発揮が多いように感じられました。わたしは「自分にも他人にも厳しい」CPなのですが、妻は「自分にも他人にも優しい」というNPで、わたしのNPは父を介護しているせいか、過保護・過干渉にみられることが妻よりも多くあるような気がしていました。

　そんな折、お互いにこのワークを実施してみると、確かに上記のような違いが現れ、お互いに合点がいきました。同じエゴグラムであっても、プラスの面とマイナスの面に分けてみることによって、より精度が図られ、自己変革へのヒントが得られるのです。創造性開発や問題解決などで「分かるとは分けること！」といいますが、まさにその通りのようです。

　さらにいえば、よく妻はわたしの「意志が強い」という点を承認してくれます。そして、稀に「あなたは頑固なんだから」と指摘を受けます。もちろん、状況により解釈も違って当然なのですが、「あなたは頑固！」とまで言わせてしまう出来事は妻にしてみると印象的なのでしょう。そうすると妻は、「頑固なんだから、もう少し〇〇になったら」と、わたしに変化（成長）を求めてきます。

　もうお分かりの通り、「意志が強い」というのはプラスの捉え方で、これをマイナスで捉えると「頑固」となります。日頃は、「意志が強い」ことをほめられ、わたし自身もプラスの面だと自己認識しているのですから、マイナスの面を取り上げて変化を求められても変わりようがありません。特に同じ人からパラドクス（逆説）のように言われても、「そうか、それなら頑固を治さなければ」などと納得できません。

　少し話題が広がってしまいましたが、相手にアドバイスや相手の成長を願うとき、上記のような矛盾をしていないか、そんな観点にも意識を向ける必要があるのではないでしょうか。

Transactional Analysis

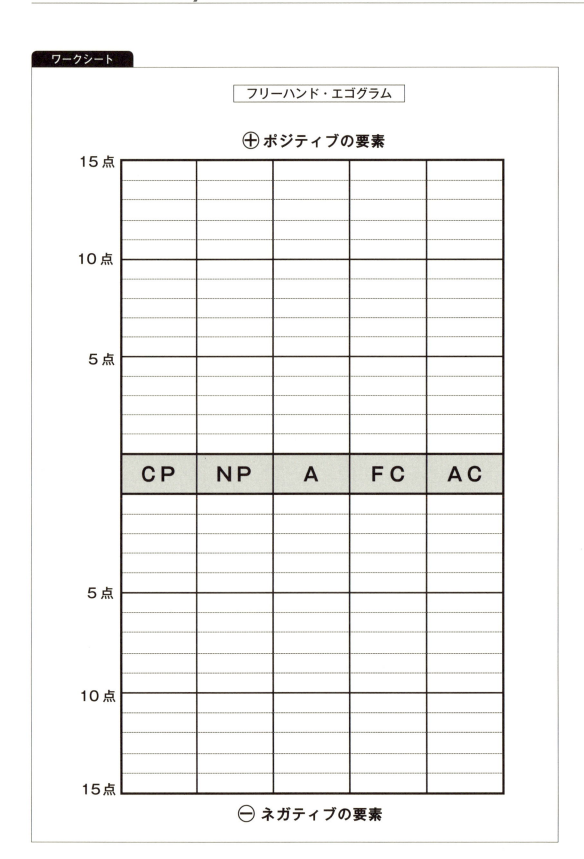

ワーク❺ 他画像エゴグラム

ワークのねらい

　自分では論理的に説明していると思っていても、相手にはうまく伝わらず、支離滅裂だと思われていることがあります。また、自分では優しくほめているつもりでも、相手からするとほめてもらった実感がなく、ほめられたことすら記憶になかったりします。このように、「自分からみたわたし（自画像）」と「相手からみたわたし（他画像）」にはギャップがあり、そのギャップが大きければ大きいほど、誤解が生じ、トラブルへと発展する可能性があります。

　「自分からみたわたし」と「相手からみたわたし」のギャップを埋めるためには、「相手からみたわたし」のフィードバックをもらい、「自分からみたわたし」と比較してみることです。

　他人に映っているわたしの像（他画像）をエゴグラムに描いてフィードバックを得ることで、自己一致を広げるためのヒントが得られます。

進め方

　他人との関係において、自分に気づくことはとても大切なことです。それは、他人とよりよい関係をもつために、また集団の中でより望ましいリーダーシップを発揮するためにも必要なことです。

　私たちは、「あなたは誰ですか」と問われると「私は○○な人間です」と自分で自分の像（「自分からみたわたし」）を相手に答えます。このような自画像即ち自己概念と、そこでそうやって答えている実際のわたし自身が存在し、これを「相手からみたわたし」（他画像）といいます。

　そして「自分からみたわたし」と「相手からみたわたし」とが重なっているところを「自己一致」といい、思考と行動と感情の統合がなされているところです。

　したがって、この自己一致しているところが大きければ大きいほど、その人の思考、行動、感情すなわち人柄・性格が統合されていることになります。統合された人は、現実状況に適切にリアリティをもって対処することができ、他人との真実な関係をもつことがで

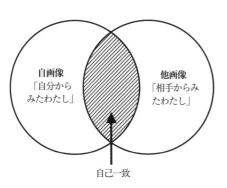

Transactional Analysis

き、更によりよく気づくことができることによって自身の成長が促進されます。

① 各自、次ページのワークシートの上 (　　　さん) の箇所に、自分の名前を記入します。
　（注）このワークは、研修開始から時間が経過し、かなり互いが知り合った時点で実施します。
② 時計回りにワークシートを渡し、ワークシートを受け取ったら、そこに書かれている人のエゴグラムを記入します。（4個の中のどこに描いても構いません）
③ さらに時計回りにシートを回し、4名からフィードバックを得ます。

✏ ふりかえり&ポイント

4名から他画像エゴグラムを描いてもらったら、各エゴグラムをていねいに翻訳します。
① 4つのフィードバックには、極端な違いがないでしょうか？
② 自分が描いたエゴグラムと見比べて、違いはないでしょうか？　ペアレント（CPとNP）とチャイルド（FCとAC）の傾きが逆になっていないでしょうか？
③ 自分とまわりの認識に違いがあるとすれば、どのようなことでしょうか？
④ その違いから生じる問題があるとすると、どのような問題でしょうか？
⑤ この先、どのようなことに取り組む必要があるでしょうか？

第1章　自我状態分析 －自分を知り、他者を知る－

ワークシート

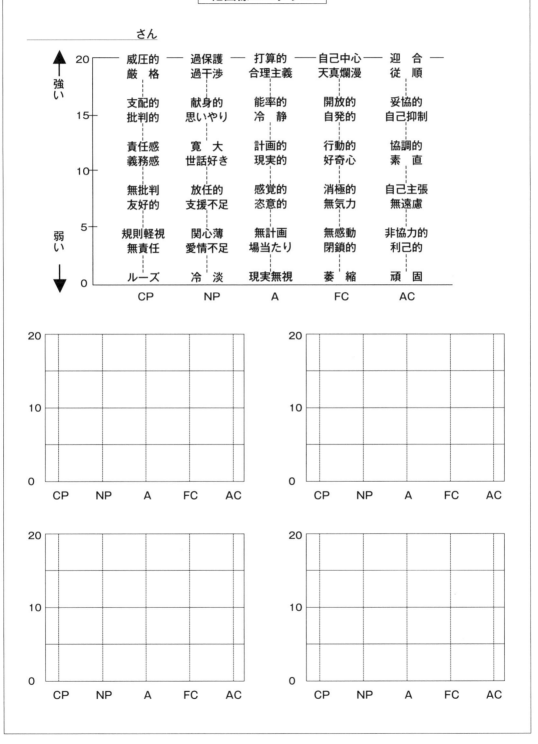

Transactional Analysis

📖 ワーク❻　望ましい自分づくり

✏️ ワークのねらい

　J. デュセイは、「エゴグラムの本当の価値は、パーソナリティの変容や成長を得ることを目的とする。そのための自分自身をより理解するための道具として用いること」と言っています。このワークは、エゴグラムを用いて自己変革目標を設定することをねらいとしています。
　あなたはパーソナリティは変えられると思いますか？　それとも変えることなどできないと思っていますか？

パーソナリティは変えられる

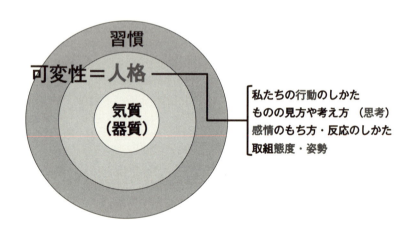

　上図の通り、パーソナリティは、行動のしかた、ものの見方や考え方＝思考、感情の持ち方、反応のしかた＝感情、取り組み姿勢、態度をいいます。
　気質は生まれ持ったものですから、変えようがありません。「器質」と記した方が意味を適切に捉えているように思うほどです。
　（注）性格は心理学的には、Character と英訳され、感情・意思などの部分的側面を表し、人格は、Personality と英訳され、知能・態度・価値観などを含めた全体的な特徴を表すことがあります。また気質は Temperament と英訳され、先天的感情面が中核となっています。

　当然のことですが、私たちの日頃の行動や思考は、生まれた直後からいまのような言動

をとっていたのではありません。生まれてから、親を中心に、いろいろな人や環境に接し、いまのパーソナリティを育んできました。ということは、オギャーと生まれ、いろいろな経験を通して、いまのパーソナリティを身につけたのであれば、パーソナリティを変えたいと願えば、変えることは可能（可変性がある）ということを意味しています。

J. デュセイは、「恒常性の仮説」として、$(P + A + C)^{mm} = K$（心的エネルギー量は一定）という公式をあらわしました。この仮説によると、1つの自我状態を集中的に増大すれば、他の自我状態が減少することになります。

エゴグラムは、自分の自我状態の現状に気づき、人格のよりよいバランスを回復するために、自分が望む状態へ変革する具体的な方法です。

エゴグラムは心的エネルギーの量を観察可能な自我状態としてあらわし、心的エネルギーの分配をいろいろな形で変えることによって望ましい自我状態へと変革するための実践的な1つの方法なのです。

進め方

このワークでは、講師ファシリテーターが自らの体験談を語ることで、参加者の関心を高めることが重要です。本書では、筆者の実例を通して、エゴグラムを活用した自己変革の手順をご紹介します。

筆者がはじめてTAと出会ったのは20代半ばでした。当時は経営コンサルタントとして勤務しており、情報の収集や分析、ロジカルなプレゼンテーションなどが求められ、多くの機会でアダルトを求められていました。もともと客観的、現実的で、ものごとを冷静に観察する傾向はありましたが学生の頃は、かなりのやんちゃ坊主で、多くの仲間を従わせ、自分がお山の大将でなければ気の済まない性格でした。しかし、どこか内面で、自分の弱さを感じ取り、本当は自分の弱さに気づかれないように強がっているようにも感じていました。上司の顔色をうかがう自分にも気づいていました。

幼少の頃から家業を継ぐことを強いられていたせいか、協調性に欠け、独自の道を歩む性格で、友人は多くないのですが、少ないながらも親密な関係を保っていました。

エゴグラムを実施すると次頁の図の実線のような形となって表れました。自分でチェックをしたエゴグラムの結果に合点がいくものの、周囲からのフィードバックや内省を繰り返し、本当の自分は点線ではないかという考えに至りました。

筆者は3人兄弟の長男として生まれ、比較的厳しく育てられました。幼少期は深夜まで物置に入れられ、毎日のように泣いていたわずかな記憶があります。父親はお酒を飲んでいないときは大好きでしたが、お酒を飲むと人が変わり、毎日明け方まで酒を浴び、母を泣か

せていました。そんなときは、いつか殺してやるとこころに誓っていましたし、数度、酔っぱらった際に背中を押し転倒を試みた記憶があります。

中学一年生のときに父が交通事故に遭い、それ以来、重度の障害を負いました。自営業で多額の借金を残したため、母は3人の子どもを育てながら、女性らしい幸せなど一切なく、懸命に働き続けてくれました。

父の交通事故という出来事があり、"早く母を楽にさせなければならない" "父の代役をすべき" というCPはかなり取り込んだように思います。

厳しいCPが自分のACをコントロールし、日々、葛藤を繰り返し、ストレスを自家発電していました。中学三年生の頃から十二指腸潰瘍を患い、洗面所にいくと、吐血ほどではないにしても毎日のように血が混じり、潰瘍による背中の激痛を患っていました……。

たまたま、ある経営コンサルタントの方から「経営コンサルタントとして、人に良い影響を与えたいのであれば、TAを勉強しなさい」と勧められ、社会産業教育研究所の岡野嘉宏先生の門を叩きました。

岡野先生と出会えたことで、自分を変えるチャンスに巡り合えました。

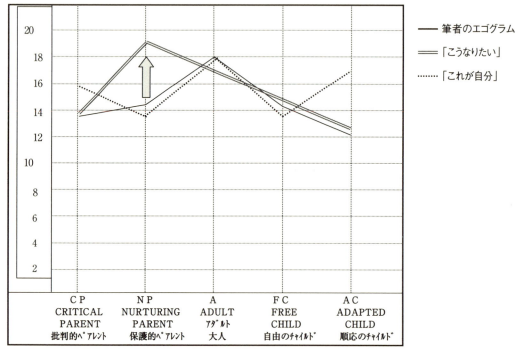

図　筆者のエゴグラム

①理想のエゴグラムを描きます。シート「エゴグラム5尺度の現れ方（行動パターン）早見表」（47ページ）を配布し、シートを参考に、〇〇〇に「こうなりたい」という自分の目標を描きます。

例として、筆者のエゴグラムをみてみましょう。実線が筆者のエゴグラムです。「これが自分」という点線のエゴグラムと、「こうなりたい」という二重線のエゴグラムを見比べると、NP を高め、CP、A、特に AC を下げるということがよくわかります。

注意すべきポイントは、AC を下げるために、「人前で機嫌を取ったり、簡単に同意したり、顔色をうかがわないようにしよう」とか、CP を下げるために、「厳しい表情をしたり、信念を通さないようにしよう」などと、「〇〇しないようにしよう」という自己決定は好ましくありません。「〇〇しないようにする」というのは、アクセルを踏みながら、同時にブレーキを踏むようなもので、生産的ではありません。やっていて楽しくないので、長続きなどしません。

J. デュセイは「人は欠如した部分を上げる努力をすることによって、パーソナリティの厄介な面からの解放または永久的な治療を経験するであろう」と述べています。

②あれもこれも総花的に取り組むようなことはせず、高めたいこころのチャンネルを 1 つに絞ります。

図中の矢印の通り、たまたま筆者は、あれもこれも高めることにならず、ただ一点、「NP を高める」ということになります。

パーソナリティを変えるには①

「エゴグラム」とは
私たちの性格を視覚化できるようにグラフで表したものです。そしてそのグラフは次のような仮説をもっています。

$$(P+A+C)^{mm} = K$$
（心的エネルギーは一定量）

※ mm＝Homeostasis Environment（生まれ育ってきた環境）

> どこかを高めれば、どこかが低くなる

伸ばしたいところを伸ばして、やめることは考えない

パーソナリティを変えるには②

集団力学　「 場の理論 」

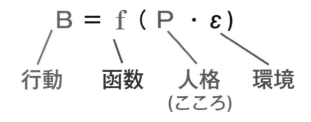

変革のための行動計画は、
"具体的な行動の次元" のアクションプラン！

③「NPを高める」という目標を実現するための具体的な行動を設定します。

社会心理学者のクルト・レヴィンは、B＝f（P・ε）という公式を発表しました。この公式からすると、パーソナリティを変えるには、置かれている環境を変えるか、行動を変えるということになります。

心理学者のウィリアム・ジェームスは、「『嬉しいから笑う。悲しいから泣く』ではなく、『笑うから嬉しくなる。泣くから悲しくなる』」と提唱しました。私たちの行動は思考や感情に影響するため、行動を変えることで、思考や感情を変えることが可能になり、「何かの美点を身につけたいときは、すでに、備わっているかのように行動すればよい」と説いています。

そこで筆者は、
- a. カウンセリングを学ぶ
- b. 葉書を書く
- c. 履き物を揃える

という3点の具体的な行動を掲げ、自己宣言しました。カウンセリングを学ぶというのは単に知識ではなく、その過程で受容や共感を身につけなければなりません。

「カウンセリングを学ぶ」ことを通して、受容力や共感力を身につけられれば、この先のコンサルティングに役立つに違いないと思いました。

「葉書を書く」とは、ご縁をいただいたお礼として、名刺を交換させていただいた方に、感謝の気持ちを贈らせていただくことにしました。

「履き物を揃える」ということは、自宅でもクライアント先でも、自分の履き物だけではなく、脱いである靴を履きやすいように揃えて差し上げようと決めました。

以上の3点にコミットし、自分で自分をほめたいほど熱心に取り組みました。数ヵ月経過すると周囲からの評価が変わり始めました。「最近、畔柳さんは優しくなりましたね」「畔柳さんにほめてもらうことが励みになります」…などなど、わたしが「NPを高めよう」という目標を掲げ、少しでも近づいていることに気づき、承認してくださるのです。承認されるとさらに嬉しくなり、より懸命に取り組み続けました。不思議なことに、それ以来、毎年繰り返していた十二指腸潰瘍を再発することもなく今日に至り、自分でもたいへん驚いています。

　図の二重線のような自分に変革できたと断言はできません。いまだにストレスをため込む傾向があることも自覚しています。しかし、自分の生き方が変わり、自分が変わったことで、少しずつですが周囲の景色が好転していきました。これまで自分にとって不都合なことがあると環境のせい、周囲のせいにしていたわたしに、「自分が変わる」ことが源であることを実感させてくれました。

　TAの哲学に、『過去と他人は変えられない。変えられるのは自分と未来』という考えがあります。過去の出来事の受けとめ方は変えられますが、過去そのものは変えられません。「自分ができることを　自分から　周りのために」そんな想いを抱きながら、それ以来、TAを大切にして過ごしています。

　進め方をもう一度整理しましょう。

① 講師ファシリテーターの経験を紹介することで、自己変革への意欲を高めます。（抵抗を和らげます）
② シートとワークシート「望ましい自分づくり」を配布し、ワークシート「望ましい自分づくり」に「これが自分」というエゴグラムを点線で記入します。
③ シート「エゴグラム5尺度の現れ方（行動パターン）早見表」を参考にしながら、ワークシート「望ましい自分づくり」に「理想の自分」のエゴグラムを二重線（色線）で記入します。
　（注）「心的エネルギーは一定」の通り、こころのチャンネルのどこかを上げれば、どこかを下げることが必要です。（合計得点は同じということ）
④ 二重線と点線を見比べ、高めるこころのチャンネルを1つに絞ります。
⑤ ここでグループになり、一人ひとり「高めたいこころのチャンネル」について発表します。メンバーは違和感があれば、「NPよりも、FCを上げた方が○○さんの望んでいる職場づくりには適しているように思うけれどどうですか？」「CPを高めたいというのは、とても勇気があると思うけれど、かなりハードルが高くないかな？　それよりも、まずはAを高めて、冷静に指示を出したり、問題を指摘したりすることで、経過を見てもいいんじゃない？」…などと、率直にフィードバックし、各自「高めたいこころのチャンネル」を確定します。
⑤ 高めたいこころのチャンネルが決まったら、シート「望ましい自分づくりのための具体的な行動リスト」を参考に一人ひとり具体的な行動をアドバイスし合います。

Transactional Analysis

⑥具体的な行動が明確になったら、ワークシート「行動宣言」(50ページ)に日時やサインとともに記入します。

⑦場合により、グループや全体で、「行動宣言」します。

（注）言語心理学研究家の三村侑弘さんは、「『思います』をよく使う人は、自分の職務とか地位とかを人一倍大切にする。自己保身が潜在にある。(中略)言い切る度胸がない。ということは、自己保身術である。決断力もない。つねにおのれを守ることに窮々している」と手厳しく述べています。

感想を述べるときは別として、100％自信が持てないときには、何気なく使ってしまう言葉ですが、そのとき、こころの奥底に逃げの部分があることは否定できないのではないでしょうか。消極的な意味での「思います」を乱用しないように努めたいものです。

ポイント

私たちは、何かのきっかけや区切りを利用して心機一転して新しいことをはじめたり、新しい生き方をしようと試みます。ところがいつの間にか日常の中へ埋没してしまい、また元の木阿弥、いつもの状態に戻ってしまうことが多いものです。

このような繰り返しから抜け出して新しい行動を身につけていくために、カリフォルニア大学のJ.V.クラーク教授は、実践的でわかりやすいモデルを提供してくれています。

クラーク教授は、日常の中からいつでも自己の新しい可能性を見つけ出すことはできるといいます。図のように

①私たちだれもが繰り返している行動があります。これらの行動はゲームのようなもので、「ああ、またやっちゃってるな」というたぐいの行動パターンです。このような状態のとき、私たちはなんとなくこころが晴れない気分になります。

②ところが、日常の中で「おや？　こんなはずじゃないぞ！」という体験をします。実はこの体験こそが自己変革のきっかけとなります。ところが、私たちは、合理化(自己正当化、理屈づけ)という能力を持っているため、「今日は特別な日だから」とか、「自分にとってさほどの意味をもたないから」などと理屈をつけたり、自己を正当化したりして、これまでの居心地の良い自分の世界に逆戻りしてしまい、いつもの行動を繰り返しながら、なんとなく晴れない気分、けだるい感覚にひたるのです。

本来は、「おや？　こんなはずじゃない！」という体験をしたときに、自分にとって都合のよい理屈づけや正当化をせずに、その体験に直面することが大切なのです。

私たちが最も陥りやすい心理的メカニズムとして、合理化(自己正当化、理屈づけ)があり、これが自己への気づきや成長を阻害しているのです。しかし、小さな葛藤でも見逃さずに、時には避けたいほどの葛藤から逃げずに状況をリアルに見つめてみると、

③「いつもの行動はまずいかな」という感じ（否定的感情）がこころの中に湧き起こってきます。と同時に

④「いや！いつもの行動でいいんだ！」という感じ（肯定的感情）も起こります。このようなとき、いつでも合理化というメカニズムが活動し始めます。しかし合理化せずに、これらの葛藤に直面していくと、

⑤「新しく違った行動をとらなければいけないかな？ でも新しい違った行動はいやだ！」という感じが起こると同時に、

⑥「新しい行動をとったらいいだろうな！」という感じが湧いてきます。このような③から⑥までのこころの中で起こっている"感じ"を同時に体験するとき、クラーク教授はこれを「自分がそこに真実に生きているような"実存的危機の体験"」といっています。このような実存的危機の体験では、表層的な自己からより核心に触れるにしたがって、実存的危機の度合いは、厳しい体験となります。

　このような体験を通して、私たちは自己への気づきを深め、新しい自己への可能性を発見するのです。そして新しい生き方の手がかりをつかみ、自己成長への道を歩み続けます。

　アメリカの詩人カール・サンドバーグは、「私たちの人生は、まるでタマネギのようなもので、ときには涙を流しながら、一皮一皮むきながら成長をします」と述べています。

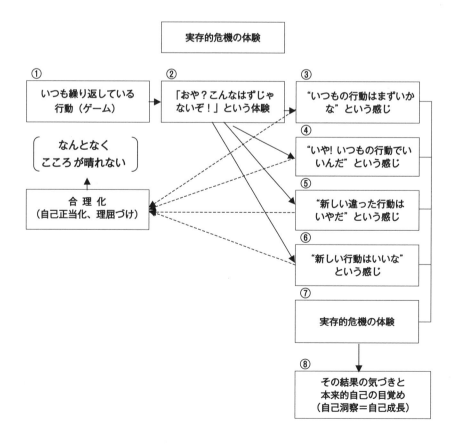

Transactional Analysis

> ワークシート

望ましい自分づくり

1. 「これがわたし」と思えるエゴグラム（点線）

2. 「こうなりたい」というエゴグラム（二重線／色線）

3. どのチャンネルを高めたいか（自己成長目標を1点に絞る）

4. そのために取り組むべき具体的な行動を3つ実践する

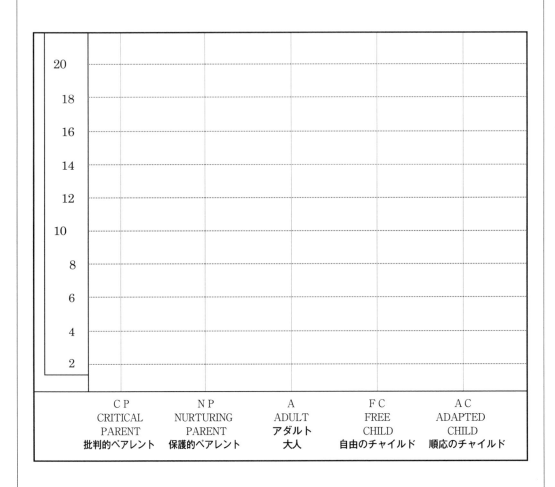

| | CP
CRITICAL
PARENT
批判的ペアレント | NP
NURTURING
PARENT
保護的ペアレント | A
ADULT
アダルト
大人 | FC
FREE
CHILD
自由のチャイルド | AC
ADAPTED
CHILD
順応のチャイルド |

エゴグラム5尺度の現れ方（行動パターン）早見表

		CP	NP	A	FC	AC
アドバイス		完璧主義をやめ、相手の良い所や考えを認める余裕をもつ。仕事や生活を楽しむようにする。	自分と相手の関係をできるだけクールにとらえ、おせっかいや過干渉にならないようにする。	何事も打算的に考えず、自分の感情や相手の気持ちなどにも目を向ける。	そのときの気分や感情で行動せず、後先を考えるようにする。ひと呼吸おいて行動するとよい。	感じたことをためらわずに表現する。自分に自信のあることから実行してみる。
得点が高い場合	マイナス面	・タテマエにこだわる ・中途半端を許さない ・批判的である ・自分の価値観を絶対と思う	・過度に保護、干渉する ・相手の自主性を損なう ・相手を甘やかす	・機械的である ・打算的である ・冷徹である	・自己中心的である ・動物的である ・感情的である ・言いたい放題である	・遠慮がちである ・依存心が強い ・我慢してしまう ・おどおどしている ・うらみがましい
	プラス面	・理想を追求する ・良心に従う ・ルールを守る ・スジを通す ・義務感、責任感が強い努力家 ・持続性	・相手に共感、同情する ・世話好き ・相手を受け入れる ・奉仕精神が豊か ・弱い者をかばう	・理性的である ・合理性を尊ぶ ・沈着冷静である ・事実に従う ・客観的に判断する	・天真爛漫である ・好奇心が強い ・直観力がある ・活発である ・創造性に富む	・協調性に富む ・妥協性が強い ・イイ子である ・従順である ・慎重である
平均		CP	NP	A	FC	AC
得点が低い場合	プラス面	・おっとりしている ・融通性がある ・ワクにとらわれない ・柔軟さがある ・のんびりしている	・さっぱりしている ・淡白である ・周囲に干渉しない	・人間味がある ・お人好し ・純朴である	・おとなしい ・感情に溺れない	・自分のペースを守る ・自主性に富む ・積極的である
	マイナス面	・いいかげんである ・けじめに欠ける ・判断力に欠ける ・規律を守らない	・相手に共感、同情しない ・人のことに気を配らない ・温かみがない	・現実無視 ・計画性がない ・考えがまとまらない ・論理性に欠ける ・判断力に欠ける	・おもしろ味がない ・暗い印象を与える ・無表情 ・喜怒哀楽を素直に出さない	・相手の言うことを聞かない ・一方的である ・近寄り難い印象を与える
アドバイス		自分自身に義務を課し、責任を持って行動するようにする。物事のけじめを大切にする。判断力を育てる。	できるだけ相手に思いやりを持つように努力する。家族や友人にサービスをする。ペットの世話をする。	情報を集め、さまざまな角度から物事を考える。うまくいかなくても自分で答えを出してから人に相談するようにする。	気持ちが内にこもらないようにできるだけ陽気に振舞って気持ちを引き立てる。スポーツ、旅行、食べ歩きもいい。	相手の立場になって考えたり、相手の意見を聞く。相手をたて、尊敬する。他者優先の態度を身につける。

Transactional Analysis

望ましい自分づくりのための具体的な行動リスト

　自分のパーソナリティの傾向に気づき、自分の感情のもち方や行動パターンなどを変えたい方は、自分が高めたい自我を繰り返し習慣化することです。
　自分を変えることは容易なことではありませんが、日常の生活の中で、何気ない小さなことからでも（言葉づかいやちょっとした行動など）、努力を積み重ねることで、"望ましい自分"を築くことができます。

CPを高めるために　－意志を強く、自分の考えや想いを主張しましょう－
自分にも他人にも少し厳しくなってみましょう。ダメなことはダメと言い、やるべきことは最後までやる、ものごとのけじめをつけることなどを習慣にしましょう。
☆「私は～と思う」とはっきり自分の考えを述べる
☆「～ねばならない」「～すべき」と断定的に言う
☆自分の意見をもち、それを主張することを練習する
☆決めたことを最後まできちんとやる
☆これで本当に満足していいだろうかと、要求水準を高くもつ
☆これは私の立場や年齢にふさわしい姿だろうかと考え、自分に厳しくする
☆何かひとつ最後までゆずらずにがんばってみる
☆部下や子どもの間違いを、努めてその場で叱るようにする
☆時間や金銭にやかましくなる
☆まあいいや、なんとかなるという態度をやめ、責任をもつようにする
☆約束や取り決めはきちんと守り、人にもそれを要求する
☆どっちもいいと考えるのではなく、自分の責任でどちらかに決める
☆好き嫌いをはっきり言う練習をする

NPを高めるために　－思いやりをもち、相手を受け入れましょう－
周囲への思いやりは、あなた自身を豊かにします。職場の仲間や家族の良い点を見つけ、ほめたり、励ましたり、共感しましょう。
☆相手に対して個人的な関心を示すように努める
☆世話役などすすんで引き受けてみる
☆優しく微笑みながら、相手の話を受容する
☆相手の好ましい点、良い点をみつけてほめる練習をする
☆相手の気持ちや感情を理解するように心がける
☆自分からすすんであいさつをする
☆困っている人を見たら、すすんで手を貸すようにする
☆減点主義ではなく加点主義をとり、良い面を中心に相手を見るようにする
☆相手の否定的な言葉や態度には応じないようにする
☆機会をとらえて、小さな贈り物をしたり、やさしい言葉をかけたりする
☆弱い立場にある人の世話をしたり、援助したりする
☆細かいことにはこだわらず、相手のためになるよう行動する
☆小動物や草花などを心をこめて育てる

Aを高めるために　－事実（データ）をもとにしながら、冷静な自分を演じよう－
　"いまここ"の状況や自分の立場を冷静に見つめ、さまざまな角度からものごとをとらえ、考えるようにしましょう。メモをとることを習慣にしましょう。
☆物事を分析し、その中になんらかの規則性がみられないかを調べる

☆5W3Hで物事を捉える
☆家計簿や小遣い帳などをつけ、予算管理をする
☆言いたいことやしたいことを文章にする
☆同じ状況で他の人ならどう判断し行動するかを考える
☆相手の話の内容を「〜ということですか」と確かめるようにする
☆新聞の社説を読んだり、かたい内容の本を読むように心がける
☆1年間、1ヵ月、1週間、1日の計画を立てて、計画的に行動する
☆筋道を立てて論理的に考える練習をする
☆人の話をうのみにするのではなく、自分で納得いくまで確かめるようにする
☆自分の行動にムダなところはないか反省するように心がける
☆あたりまえと思わずに、なぜだろうと考え、いろいろ調べてみる
☆問題全体を分析し、結末を予測してみる
☆新しいものごとに注意を向け、自分で調べるようにする

FCを高めるために　−チャレンジ精神を忘れずに、自由に振るまってみよう！−
スポーツや趣味など、楽しめることに打ち込みましょう。生活の中に遊びの時間、遊びの感覚を取り入れ、ワクワク＆ウキウキを演出しましょう。
☆進んで質問したり、真っ先に手を挙げて発言する
☆ファッショナブルに装ってみる
☆積極的に娯楽（スポーツ・映画・テレビ等）を楽しむ
☆芸術（絵・音楽・俳句など）を楽しむ
☆不快感に多くの時間を費やさず、気分転換して楽しいことを考えてみる
☆心から楽しめるような趣味をもつようにする
☆今までやったことのない新しいことに積極的に取り組んでみる
☆自分からすすんで、みんなの仲間に入っていくように心がける
☆「おいしい」「うれしい」というような気持ちを素直に表現する
☆十八番の歌を練習して、カラオケで熱唱する
☆ユーモアや冗談を言って人を笑わせる
☆童心にかえって子どもといっしょに遊ぶ
☆生活の中に自分が楽しめる遊びの時間をふやす

ACを高めるために　−自分中心ではなく、相手の意見に素直に耳を傾けましょう−
人と上手に付き合うためには協調性も大切です。自分のことばかりではなく、相手の立場になって考えたり、行動したりすることを心がけてみましょう。
☆相手をたて、相手の立場を優先するよう心がける
☆自分がしゃべるよりも、相手の話を聞くことを中心にする
☆相手がどう感じたかを確かめ、相手の気を悪くさせない配慮をする
☆友人や家族の選んだ映画やテレビ番組におとなしく従う
☆相手に遠慮し、協力するよう心がける
☆相手に反論せず、相手の言うことに従ってみる
☆相手の気持ちを察して、気遣う
☆相手の顔色をうかがって行動してみる
☆「すみません」「申し訳ありませんが…」という言葉を多く使い、周囲の反応を和らげる
☆言いたいことがあっても、3つに1つは言わずにがまんする
☆何かするとき相手の許可を得てからするように心がける
☆部下や子どもの言うことに従ってみる
☆批判せずに言われたとおり行動してみる
☆自分でやらずに、できる限り周囲の手を借りる

Transactional Analysis

ワークシート

行 動 宣 言

"いまここ"から始める3ヵ条

私は、自己変革のため＿＿＿を高めます。そのための行動習慣として、"いまここ"から、次の行動を習慣化します。

1. ＿＿＿＿＿＿＿＿＿＿＿＿＿＿＿＿

2. ＿＿＿＿＿＿＿＿＿＿＿＿＿＿＿＿

3. ＿＿＿＿＿＿＿＿＿＿＿＿＿＿＿＿

平成　年　月　日

＿＿＿＿＿＿＿＿＿＿＿＿

対人関係の3つのパターン－コミュニケーションのルール－

　ふたり以上の人が集まると何らかのアクションが起こり（刺激）、その刺激に対し相手は何らかの反応をします。このような刺激と反応をトランザクション（以下、やりとり）といいます。
　やりとり分析は、どのこころのチャンネルが刺激となり、いずれのこころのチャンネルで反応したのかを分析するものです。そのねらいは、自分と他人とのかかわりに気づき、より望ましい関係へと意識的にコントロールするものです。
　やりとりには、3つのパターンがあります。

(1) 相補的やりとり

　このやりとりは、矢印が平行に図解されるので平行のやりとりともいいます。相互の関係が期待された適切なもので、コミュニケーションがスムーズで、健全な人間関係の自然な秩序に従っています。

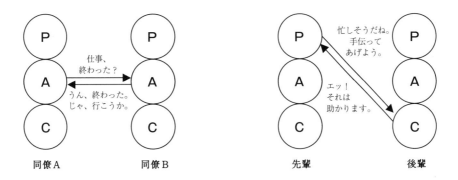

> **コミュニケーションのルール①**
> 　この相補的あるいは平行的やりとりは、相手に期待されたコミュニケーションが行われ、したがって当人たちが会話を続けようと思えば、はてしもなく続く可能性があります。

Transactional Analysis

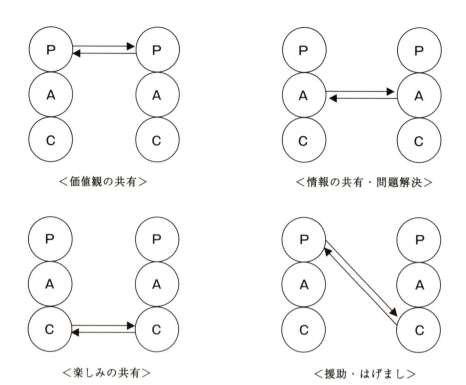

〈価値観の共有〉　〈情報の共有・問題解決〉

〈楽しみの共有〉　〈援助・はげまし〉

(2) 交差的やりとり

　お互いのやりとりを示す矢印が交差してしまうもので、そのほとんどは、コミュニケーションがそこで中断され、職場や家庭での対人関係に障害となりやすい原因を持っています。交差的やりとりは、交叉交流ともいいます。

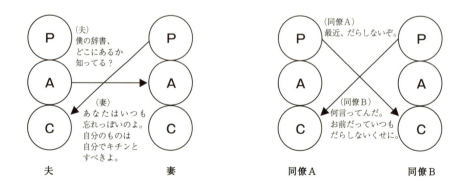

(夫) 僕の辞書、どこにあるか知ってる？

(妻) あなたはいつも忘れっぽいのよ。自分のものは自分でキチンとすべきよ。

夫　　妻

(同僚A) 最近、だらしないぞ。

(同僚B) 何言ってんだ。お前だっていつもだらしないくせに。

同僚A　　同僚B

コミュニケーションのルール②

　この交差的やりとりは、相手の期待に反するコミュニケーションが行われ、したがってはじめの話題についてのコミュニケーションは突如として中断されます。

(3) 隠されたやりとり

このやりとりは、同時に2つ以上のこころのチャンネルの活動を含み、後述のゲームの土台となるもので、ゲーム・トランザクションともいいます。このやりとりでは、言いたいことが隠されていて、表面的なやりとりのメッセージ（実線）と同時に別の意味のメッセージ（点線）が伝達されます。隠されたやりとりは、裏面交流ともいいます。

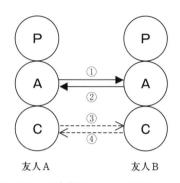
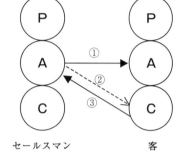

友人A　　　友人B　　　　　　　　セールスマン　　　客

①大事にならないで本当によかったですね。
②ええ、この程度で軽くすんでよかったと思っています。
③もっとひどい目にあった方が薬になったんじゃない。
④本当は内心喜んでいるんだろう。

①この商品は高級品で少々高うございます。
②あなたにはちょっとムリではないですか。
③（むきになって）それ買うわ！

> **コミュニケーションのルール③**
>
> この隠されたやりとりは、語られている言葉だけに注意しても、行動の予測はできません。心理的なやりとりも考慮されねばなりません。
> 往々にして問題を起こしやすいコミュニケーションといえます。

Transactional Analysis

📖 ワーク❼　非生産的なやりとりから生産的なやりとりへ

✏️ ワークのねらい

①"いまここ"の非生産的なやりとりに気づき、生産的なやりとりに変化させる能力を高めます。
②凍結したやりとり（後述）から脱却するスキルを身につけます。

✏️ 進め方

①10名ほどのグループを作り、中央に椅子6脚を次図のように配置し、それぞれ、ペアレント（P）、アダルト（A）、チャイルド（C）を向かい合せにします。
②講師ファシリテーターは、Ⓟ、Ⓐ、Ⓒのアルファベットが大きく印刷された用紙を各グループに配布し、向かい合ったペアレント、アダルト、チャイルドの足元中央に用紙をセットします。
③それぞれのグループから、2名のボランティアを募ります。
④2名のボランティアには、片側（自分側）の3つの椅子がそれぞれペアレント、アダルト、チャイルドの椅子であることを認識してもらいます。
⑤2名のボランティアは、それぞれ"いまここ"の自分のこころのチャンネルに気づき、該当するこころのチャンネルの椅子に座ってもらいます。（例：何をやるのか不安であればチャイルドの椅子に座ります）
⑥このワークでは、ボランティアは椅子（こころのチャンネル）を移動することに集中しがちなため、余裕はありません。観察者がふたりの動き（言葉や言い方や態度表情など）をしっかりと観察し、どのようなかかわりが起こっているかに気づき、後でふりかえることがポイントとなります。（観察者のための演習ともいえます）
　したがって、観察者にはあらかじめ、どのようなやりとりが行われているのかをしっかりと観察し、グループでふりかえる際は、観察者が中心となってふりかえること、そして、観察者の中から発表者を決めておくことを事前に伝えます。
⑦講師ファシリテーターは、参加者に「最近、職場で堂々巡りをした経験はありませんか？」などと問いかけ、観察者（ボランティア以外）から現実の問題を提供していただきます。事例が提供されなければ、下記の出題例からその場にふさわしいテーマを選び、状況をていねいに説明します。
　筆者はときおり事前課題をお願いし、「最近、職場で堂々巡りをした経験を口語形式で

箇条書きにして持参ください」と依頼をします。

事前課題を取り上げる場合、自分役と相手役を別の人に演じてもらうことで、当事者の気づきが増します。あるいは、当事者が一人二役で両方の役を同時に演じ、椅子を移動してみることも有効です。

⑧ボランティアは、取り上げた例の当事者になりきって話しはじめます。話す過程で、「いま、自分はどのこころのチャンネルで話しているか（あるいは聞いているか）」に気づき、該当するこころのチャンネルの椅子に移りながら会話を続けます。

⑨5分ほど会話を続けたら、ふりかえりに入ります。

＜出題例＞

①同じミスばかりを繰り返す部下

いつも締め切りを守れと指導するものの、納期間際になるとバタバタとして、結果、いつも締め切りを守れない。

②体調を崩すことが多く、休みがちな部下

このところ元気がなく休みがち。「どうした？　何があった？」と声をかけるものの反応はわずか。最近は周囲に「辞めたい」と言っているらしい。

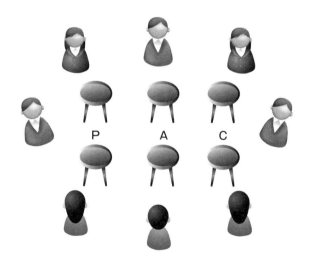

ふりかえり&ポイント

①観察者が司会者になり、ふりかえりをします。とくに、どの場面で、どのように対応したらよりよかったのか、いまのふたりの会話をより有効なかかわりにするアイデアを抽出します。

②全体でシェアします。
　・どのようなやりとりが行われていたのか
　・どのようなやりとりをしたら、より有効だったか
　・その他、気づいたこと、学んだこと
③次の事例に取り組みます。

　私たちが職場で感じている悩みの最大のものは、上司や同僚、部下との人間関係です。日頃は平静をよそおっている人でも、心の底では「ちぇっ、何言っているんだ」「こいつは、これだからダメなんだよ」…などと思っていたりすることがあります。口に出さないまでも相手のことを非難していることもあります。
　人間関係はあくまでも自分と相手との双方のやりとりから成り立っているわけですから、うまくいかない場合は、お互いに責任があります。つまり、自分さえ人間関係を改善する努力をしていけば、相手もそれに反応してくれるわけで、問題のほとんどは解決できるはずだとTAでは考えています。

　トラブルが生じる人間関係はどういうものかというと、その最大の原因は先にみたように、相互の自我状態のやりとり（交流）が平行せずに交差していたり、表面のやりとりとは別に隠れたやりとりが行われたりしているからなのです。それというのも、私たちがふだんなにげなく行っているやりとりに固有のクセがあり、それが相手や話題にふさわしくないかたちで現れてしまうからだといえます。
　そんな問題のあるクセを直していくには、その時々の状況に応じて、自分のこころのチャンネルのどれを用いて対応すればよいかに気づき、そのこころのチャンネルを働かせることです。つまり、客観的にTPOを判断できるアダルトを働かせて、この場では、自分のペアレント、アダルト、チャイルドのうちの何を用いればいいか、そして、それにもとづいて応答していくことが、スムーズなコミュニケーションをはかり、よりよい対人関係を築く基本になります。
　そのためには、5つのこころのチャンネルのいずれをも、臨機応変に始動させられることが望まれます。

凍結したやりとりからの脱却

　平行のやりとりは、相手の期待に応えるコミュニケーションで、永続した人間関係を保つにはとても大事なやりとりなのですが、次のような例は必ずしも望ましいとはいえません。

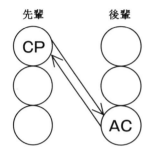

先輩：「頼んでおいた報告書はまだなのか」
後輩：「はい、すみません。他の仕事もあるもんですから」
先輩：「なに⁉ 他の仕事といっても、それほど多くの仕事を頼んでいないだろ」
後輩：「そういわれましても…どうもすみません」
先輩：「すみませんとばかり言われても、困るんだよ」
後輩：「えぇ…本当にすみません」
先輩：「じゃぁ、とりあえずできたところまでを見せてもらおう」
後輩：「はい、実は…」

　などと延々とこのふたりのやりとりは無意味に続いてしまいます。このようなやりとりを「凍結したやりとり」といい、非生産的コミュニケーションです。貴重な時間を無駄に費やしてしまうばかりでなく、結末はお互いに不快な気持ちを味わい、ひいては仕事の生産性にもひびきかねません。

　このようなとき、先輩か後輩のどちらかが「オプション（選択）」をして、凍結したやりとりから脱却をはかる必要があります。

　そのためには、次のようなオプションを選択しましょう。
　①話題をかえる
　②相互のこころのチャンネルを変える
　③このときオプションをする人は、アダルトを活用する

　このようなことによって、問題の会話から抜け出して、健全なコミュニケーションにつなぎ直します。

〔オプションの例〕
・「ところで、君にも君なりの事情があるだろうけど…」
・「君にも言い分があるだろうけど、今は急いでいるので、また時間のあるときに話し合おう」
・「そういえば、先日のことなんだけど…」
・「仕事ってたいへんだよなぁ」（FCでおどけてみる）

　質問は、質問した側が主導権を握ります。話を前進させたり、後退させたり、左右にウインカーを出すのも、話の方向を決めるのは質問者です。「ところで」「さて」と、話題を変えるのは質問者の特権です。

Transactional Analysis

📖 ワーク❽ ┊ セルフやりとり分析

✏️ ワークのねらい

①非生産的なやりとりを自らふりかえり、その原因に気づき、生産的なやりとりに変化させる能力を高めます。
②書きながら整理をすることは、さまざまな効果があるということを体感します。

✏️ 進め方

記入事例をもとに、ワークの手順を説明します。
①最近、あなたが気になったやりとりを思い出し、そのときの「相手の言動」、「自分の言動」をワークシート「セルフやりとり分析」へ、やりとりの順に記入します。会話の順に番号とそのときのこころのチャンネル、実際の言動を記入し、そのときの表情や態度もカッコに付け加えます。
②区切りのよいところで、次に「そのとき感じたこと、考えたこと」を記入します。
③最後に「いまふりかえって思うこと」を記入します。

≪記入事例≫
相手のプロフィール（関係性）：オフィス機器を依頼くださっている新任の購買担当者。納品2週間前に突然電話がかかってきて、「価格を30万円安くしろ」と主張された。半年以上も前に前年と同じ条件で合意しているにもかかわらず、一方的な言い分。

相手の言動	わたしの言動	そのとき感じたこと 考えたこと	いまふりかえって思うこと
①A「見積もりが高いので30万円ほど安くなりませんか」	②A「すでに半年以上も前にご納得いただいた上で、納品させていただく予定を組んでいるんですが」	②既に機器を発注し、納期が間もないこの時点で安くしろなどと一方的な電話は理不尽だ！	②冷静に対応してしまったが、相手の困っている気持ちを汲む必要があったようにも思う。交差的やりとりになってしまっている。
③CP「そうは言っても、予算があり、このままでは依頼できなくなる」	④A「…と申されましても、弊社にも基準がございまして、ご理解いただいているとおり、もともと前任の方から、お値引きをした金額で納品させていただいているんですが」	③半年前に打ち合わせをした際、内容には無関心で前任者のままで良いと言いながら、価格だけ交渉するとは無能で横暴な担当者だ！	②④終始Aで対応していたと思いつつ、実際は呆れていたし、腹立たしくも思っていた。きっと相手には反抗のチャイルドとして伝わっており、隠されたやりとりになっていたに違いない。気をつけないと関係自体修復できなくなる可能性がありそうだ。
⑤A「それは聞いているんだけれど、予算があってね」	⑥A「弊社で検討してみたいと思いますが、ご要望にそえない可能性が高いと思います。その場合、キャンセルということでよろしいでしょうか」	④困ったなぁ、上司に何と言えばいいだろう…胃に穴があきそうだ…	
		⑥無理にきまってる。妥協点はないものだろうか。	
⑦CP「至急検討して返事をくれればいい」		⑥こういう横柄なお客様と取引したくはない。相手のために親身になれない。（なりたくない）	

今後へのヒント

①こちらは終始、Aで返答していたが、やりとり分析を参考に、相手の気持ちに寄り添うなど、NPなどの配慮をすべきだった。

②前任者から信頼をいただき、新任の方も安心してくださっていただけに、新任の方との親密な関係を築くことを怠ってしまった。（今回は、10万円の値引きで乗り越えられたが）日頃から、もっと親密な関係を築いておくべきだった

③仕事はできる限り、「この人のためなら」「この人と一緒に」という想いが強い。そのような想いを実現できるように、日頃からの関係づくりを大切にしなければならない。

Transactional Analysis

✎ ふりかえり&ポイント

①ペアで記入した事例を紹介し合います。お互いに感想や今後のヒントへのアドバイスを交換します。
②全体で、ワークシートに記入してみて、感じたこと、気づいたこと、学んだことをシェアします。

コミュニケーションにおける話し手の目的は、聞き手に自分の話したことを正しく聞いて理解してもらうことであり、"伝えたかったことが伝わっている"と安心することです。そのために、自分の話したことが"相手に理解されやすいように"工夫して話す必要があります。一方の聞き手の側は、話し手が言わんとすることを正しく理解し、「あなたが伝えたいことは伝わっていますよ」と話し手を安心させることで"かみ合った"コミュニケーションが成立します。

しかし、実際のビジネスにおけるコミュニケーションでは、この当たり前の関係の維持は見逃されがちです。話し手は、"正しく聞いてもらう"ために"相手に理解されやすいように"話すのではなく、自分が言いたいことを一方的に主張してしまったり、聞き手は、相手の話が終わらないうちに、頭の中で次に返す言葉を探しているといった状態が起こりがちです。

以下に有効なやりとりと非有効なやりとりを補足しておきます。

有効なやりとり

緊急時においては、すぐに相手を適切に誘導しなければならないため、CP と AC の関係は有効です。
「右向け右」と相手を従わせる必要があります。

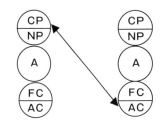

相手のやる気を高めたり、アイデアを求めるとき（創造性）、相手をほめるときなどは、NP と FC の関係が有効です。
（注）過保護になって相手を利己的にしない程度に。

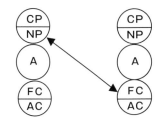

通常の仕事における会話の中心は、A と A のやりとりです。情報を交換したり、一緒に問題解決をしたり、生産性が高く成果を出します。
（注）この関係ばかりが続くと、感情が表出されず味気なくなります。

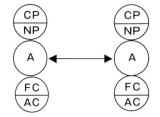

オフタイムの居酒屋での乾杯や一緒に盛り上がる場面では、FC と FC のやりとりが有効です。
（注）はめを外し過ぎない程度に。

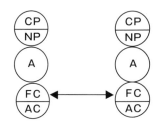

Transactional Analysis

非有効なやりとり

がんこな上司（父親）とやんちゃな部下（子ども）の関係のように、抑圧と反抗の強化になりがちです。

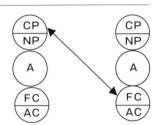

CP と CP の関係は、お互いの主張がぶつかり合い険悪なムードになりかねません。権力争いもこの関係で起こりがちで、周囲が被害者になることもしばしばです。

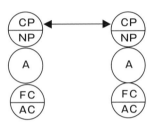

NP と NP の関係は相互にお節介になりかねません。「仕方ないなぁ」「困ったわねぇ」と慰めがちで、そこにはチャレンジが見られず進歩成長が期待できません。

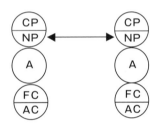

AC と AC の関係は、相互に依存的・受け身的で、なんら問題が前に進む気配が見られません。遠慮し合ってばかりでは、進展は望めません。

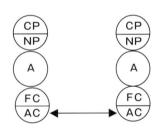

ワークシート

セルフやりとり分析

相手のプロフィール（関係性）：

相手の言動	わたしの言動	そのとき感じたこと 考えたこと	いまふりかえって 思うこと

今後へのヒント

Transactional Analysis

鋭角裏面交流

この章の最後に、「鋭角裏面交流」の事例をご紹介しておきましょう。

この事例は、メンタルヘルス不調となり会社から無理やりカウンセラーに相談するように言われ、しぶしぶ面接に訪れた事例です。以前も不調の際に、カウンセラーを渡り歩き、納得いくカウンセラーに出逢った経験がなく、疑問や抵抗を抱いています。

COはカウンセラー、CLはクライエントの会話です。また、Sは刺激（Stimulus）、Rは反応（Response）を示しています。

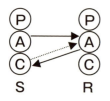

CO 「よくいらっしゃいました」
S：CL 「来たくて来たわけじゃないんですがねぇ…」
R：CO 「ここに来るのは、あまり気が進まなかったんですね」
……CLの気持ちをとにかく受けとめています

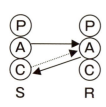

S：CL 「はい。カウンセリングなんて、どうせ聞いているだけで、何もしてくれないんでしょう」
R：CO 「いろいろよく知っているんですね。前にもカウンセリングを受けたことがあるんですか」
……CLのどうせうまくはいきませんよという気持ちに応えて

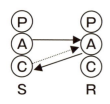

S：CL 「受けましたよ。以前も何人ものカウンセラーに…何度もね」
（裏面：いかにももうたくさんだという感じ）
R：CO 「あまり良い体験じゃなかったというわけですね」

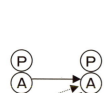

S：CL 「とにかく会社が行け行けとうるさいから、仕方なく来たんですよ」
（裏面：早く帰してくれというメッセージ）
R：CO 「でも、あなたはサボってどこかへ逃げてしまうことも出来たんですけれども、それでも、ここへ来たということはあなたが選んで決めたことですね」

いやだと言っているのは、チャイルドの部分が嫌で嫌でしょうがないと言っていて、その部分が非常に大きいために自分の実感としていやだと思っているのでしょう。同時に、どこか損得勘定を計算するアダルトの部分があるようです。逃げ出したりすると問題になるぞとささやく部分があるのです。前後の事情を見極めて究極的に損になるからと、損得の判断ができている部分があるのです。その部分が非常に弱いので、本人はその損得の判断をしている部分を自分自身だと思っていないのですが、この部分があるので逃げないで来たわけです。ですから、その判断をした部分を強化していけば将来治療につながるという見通しが立ち、これが方向性となります。

　このようなとき、未熟なカウンセラーは、とかくクライエントの抵抗に圧倒されてしまって、「本当は来たくなかったんですね。いやだったんですね」などと共感的理解を示そうとし、この事例では、クライエントの「うんうんと聞くだけで、何もしてくれない」という解釈を強化してしまう構図になってしまうのです。

Transactional Analysis

ストローク
－風通しの良い職場づくり－

ストローク"こころの栄養素"とは

　私たちの肉体は、毎日の栄養や睡眠を必要としています。それらが絶たれると、健康な状態を維持できないばかりか、死に至ることもあります。私たちのこころもこれと同じことがいえます。つまり、こころが健康でイキイキと働くためには、「人との接触から得られる刺激」が必要なのです。人とのふれあいがないと、私たちはこころのバランスを失い、こころの健康を保つことが難しくなってしまいます。

　私たちが社会的な生活をする上で、人との接触から得られるこの刺激を「ストローク」と呼びます。テニスやゴルフの一打、水泳のひとかきなどをストロークというように、この言葉の本来の意味は、「打つ」「たたく」、さらには「なでる」「さする」などですが、TAでは、「自己及び他人の存在や価値を認めるための働きかけ」と定義づけています。

　筆者は、ストロークを別名「こころの栄養素」と表現し、メンタルが悪化しない風通しの良い職場をいかにつくるか、そのベースとなる重要なキーワードとして、メンタルヘルスやマネジメント研修で訴えかけています。

　ストレスの原因は常に人間関係が第1位です。であるならば、私たち一人ひとりが人間関係の質、いわゆるコミュニケーションの質を高めることが、最も効果的なメンタルヘルス対策といえます。ストロークはまさにコミュニケーションの質を高める絶好のテーマです。

職業生活でのストレス等の原因

- ▶職場の人間関係　　　41.4％
- ▶仕事の質の問題　　　33.1％
- ▶仕事の量の問題　　　30.3％
- ▶仕事への適性の問題　20.3％
- ▶昇進・昇給の問題　　18.9％
- ▶定年後・老後の問題　21.1％
- ▶雇用の安定性の問題　15.5％

（厚生労働省、2014）

	自他の存在価値を認める働きかけ（ストローク）		自他の存在や価値を軽視したり無視したりする働きかけ（ディスカウント）
	肯定的ストローク	否定的ストローク	
タッチ・ストローク（肌のふれあい）	なでる さする 抱く（ハグする） キスする ほおずりする 手をつなぐ・腕を組む 握手する ハイタッチする ふざけっこする 手当てする マッサージをする 手を差しのべる	軽く叩く	なぐる ぶつ ける 髪をひっぱる つねる 縛りつける 投げ飛ばす 押さえる ひじ鉄砲 自殺 殺人
心理的ストローク（心のふれあい）	感謝する 勇気づける 共感する ほめる 励ます 挨拶する 評価する 相手の話をよく聴く 信頼する	できていない事実のフィードバック 諭す 警告する 忠告する 注意する 反対する 叱る	拒否・否定 拒絶 説教・小言 皮肉・嫌み けなす・冷笑 仲間はずれ 情報を流さない 窓際族・仕事を干す 過干渉・過保護 とりあわない・軽視 陰口・うわさ話 無視・無関心

（畔柳、2012）

　私たちは、幼児期の頃から、抱かれたり、愛撫されたり、話しかけられたりして、ストロークを得て育ってきました。幼児の頃には、こうしたストロークがなくても、発育には問題がないのではないかと思われるかもしれませんが、言葉はわからなくとも、「こんにちは、イイ子にしているかな」などと話しかけたり、タッチしたりすることは、私たちの神経系統には素晴らしい刺激となって、心身の発達を促進していることが脳生理学などでも明らかにされています。

Transactional Analysis

　エリック・バーンは、「幼児に十分なストロークが与えられないと、その子の脊髄は萎縮して成長が遅れ、知能的・情緒的に十分発育しない」と述べています。私たち人間は、生まれながらにして社会的な種属であり、肉体的・精神的な接触が絶対に欠かせないものであると考えられます。

　やがて子どもは成長するにしたがって言葉を聞き分けられるようになります。そうすると、乳児のときには肉体的な抱擁や愛撫が主でしたが、しだいに言葉や笑顔などによる刺激が大きな役割を担うようになります。つまり、肉体的な接触という「肌のふれあい」（肉体的ストローク）から、ほめられたり、話しかけられたり、話を聴いてもらうなどして、自分の存在や価値を認めてもらう「こころのふれあい」（心理的ストローク）を求めるようになります。

　もちろん、子どもに「君はすごいねぇ」と言って頭をなでれば、肉体的ストロークと心理的ストロークの両方を同時に与えたことになります。大人の場合でも、「いやぁ、本当に久しぶりだなぁ」と声をかけて握手すれば、2つのストロークが同時に満たされます。

ストロークが欠乏すると

　ストロークは、ちょうどこころの栄養のようなものだと述べましたが、それほど大切なストロークが欠乏するとどうなるでしょうか。その典型的な例を次にご紹介します。

　これは実際にあった話で、『セカンド・チャンス』という題名の記録映画として残され、弊所ではメンタルヘルス研修でストロークを説明する際に放映しています。

　主人公の女の子は、生まれたときから両親の肉体的なストロークが欠如したため、発育異常をきたしたのですが、病院のスタッフによって肉体的ストロークを十分に受け、第2の成長のチャンスをつかんだのです。

ケース① スーザンという女の子のはなし

　スーザンが父親に連れられて病院に来たのは、1歳10ヵ月（生後22ヵ月）のときでした。普通の発育の状態ならば、もう上手に歩きまわり、言葉もかなり話せるようになっているはずです。しかし、入院当時のスーザンの体重は6.75kg、身長は71cmで、これを米国の乳児の平均値と比較してみると、体重は5ヵ月児、身長は10ヵ月児に相当するものでしかありませんでした。もちろんスーザンは歩けません。それどころか、這い這いすることも、カタコトをしゃべることもできなかったのです。おまけに誰かが近づくと泣いて尻ごみをして、抱かれたり、触られたりするのを嫌がっている状態でした。

　いろいろな医学的な検査の結果、スーザンの身体には何も異常はないということがわか

りました。つまり、骨の異常とか内分泌の異常とか、医者が考えられるような「発育不全」の原因は何もみつからなかったのです。医師たちは当惑しましたが、やがて、おぼろげながらその原因がわかりはじめました。それは、スーザンが入院してから3週間も経つのに一度も両親が面会に来ない、という事実からでした。そこで、ソーシャル・ワーカーが両親のところを訪ねました。

わかったことは、スーザンは教育のある若い夫婦の最初の子どもとして生まれたのですが、期待されて生まれてきた赤ちゃんではありませんでした。何かにつけて邪魔者扱いにされ、母親からも父親からもほとんど面倒らしい面倒をみてもらえなかったという状況でした。そのとき、スーザンの母親は、「あの子は反抗的で、抱かれるのが嫌いなんです。むしろ、放っておかれる方が好きなんですよ」と言い、更に、「私はあの子が嫌いです。もうこれ以上あの子の面倒はみたくありません」と言うのです。そこで医師はスーザンの病名を「母性的愛情欠乏症候群」と名づけ、発育不全の原因は、母親のストロークが欠乏したからだ、と判断しました。

医師たちはボランティアの看護師を募って、その人にスーザンの母親代わりをさせることにしました。代理の母親は1日に6時間、つきっきりで抱いたり、あやしたり、肉体的・心理的ストロークを与え続けました。また、代理の母親だけでなく、医師をはじめとする病院のスタッフも、スーザンにはなるべくストロークを与えるようにしたのです。

数週間のうちにスーザンは抱かれることをさほど嫌がらなくなり、泣き叫ぶことがなくなって、むしろ少しずつ反応さえ示すようになってきました。そうして2ヵ月後には、体重は2.7kg、身長は5cmも伸びたのです。運動機能も情緒も驚くほどに発達し、這い這いができるようになり、知らない人にも怖がらずに接することができ、自分が遊ぶためのオモチャやいろいろな物に対しても興味を示すようになりました。

それから数週間後、あの這い這いもできなかったスーザンが、ひとりで病院の廊下を歩き出すことができるようになりました。

（岡野・多田、1988より）

ケース② ハンサムな男の子

アメリカのある乳児院で、不可解な現象が起こりました。体重が増えず、病気や感染にかかりやすい赤ちゃんたちの中で、ひとりだけ、まるまると肥った赤ちゃんがいるのです。食欲は旺盛で、便通の回数も仲間の赤ちゃんほど多くありません。また、動作も活発で、ニコニコと、幸福そうな顔をしています。つまり、この子は家庭児と同じように、すくすくと育っているのです。先生たちは、いろいろな角度から、この例外的な現象の原因を探し出そうと、頭をひねりました。しかし、答えは意外に簡単なところにあったのです。その赤ちゃんは、ひときわ目鼻立ちの整った、ハンサムな子でした。あまりにもかわいい顔をしている

ので、看護師さんや保母さんたちが、知らず知らずのうちに、この子を抱っこしたり、あやしたりしていたのです。その生まれながらの特権によって、彼は仲間たちよりも、はるかに多い肉体的（タッチ）ストロークを受けていたために、家庭で育つ赤ちゃんに劣らぬ成長をしていたのです。同じように、施設児を早い時期に、情愛に満ちた家庭（たとえば、里親）にあずけて十分な世話をすると、ほとんどの赤ちゃんが、食欲、恐怖心、反射機能などの安定を示して、劇的に回復することは、児童福祉に携わる方々がしばしば体験されていることです。

　私たちは、子どものときは、親たちからの愛撫、親たちとの肌のふれ合いを通して、愛情をくみとり、これが子どもの心に基本的な安定感を培い、人間や世界に対する、愛情や信頼の芽となっていきます。子どもは、このように親たちからのストロークを通して、自分の周囲を把握し、自分の気持ちや欲求を人に伝える方法を学び、また、他人と人間関係を結んだり、グループの活動に積極的に参加したりすることを身につけていくのです。

ケース③　生まれつき備わった関係欲求

　私たちの脳には、生まれつき人との関係を求めようとする「関係欲求」が遺伝的に備わっているのではないかといわれています。

　昔、ドイツのフレデリック二世は、生まれてきた赤ちゃんがどのように言語を獲得するかを観察するため、赤ちゃんの生理欲求はよく満たすが、赤ちゃんとかかわることを一切しないという実験をしたそうです。話しかけるなどのかかわりを一切断ったとき、赤ちゃんの言語獲得はどうなるのかを調べようとしました。この結果はたいへん悲惨で、実験された赤ちゃんはみな死んでしまったということが記録に残されているそうです。

　関係欲求が満たされないと、たとえ生理欲求が満たされたとしても脳活性は上がらない。外部情報に対し価値を認めることができず、意欲も上がらないために、脳の発育（神経回路の整備）は不全となってしまい、これがひいては免疫活性の低下につながるなどして病気になり、生命を失ったのではないかと考えられるそうです。

（松本、1996より）

　スーザンのケースは、ストロークの欠乏による「ストロークの飢餓状態」がもたらす恐るべき結果を示しています。

　人は誰でもストロークが欲しいものです。子どもは親から、生徒は先生から、部下は上司から、妻は夫から、もちろんその逆もあります。しかし、ストロークがもらえないと、意外な行動に出ることがあります。たとえば、弟や妹が生まれると、それまではいい子だったのに、オネショをしたり、わざとケガをしたり、弟や妹をいじめたりするケースはよくあります。するとおかあさんから「ダメじゃないの！」と叱られます。これはたとえ叱られるよ

うなことでも、まったく無視されてしまうよりはマシだからです。叱られるようなストロークのことを、否定的なマイナスのストロークといいますが、潜在的に無視されるよりは否定的なストロークでも欲していることの現れです。

親が忙しすぎて子どもを相手にする暇がないと、盗みを働いたり、喧嘩をしたり、非行に走るなどします。

部下が頻繁にミスをしたり、遅刻や欠勤をしたりするというのも、リーダーの否定的なストロークを誘っている可能性がないとは言い切れません。こうした兆候（シグナル）が現れたら、積極的に肯定的なストローク（傾聴）で、耳を傾ける必要があります。

私たちはひとりでは生きていけません。相手があっての社会生活です。そして、自分がストロークを欲していると同時に、周囲の人もまたあなたからのストロークを求めているのです。

エリック・バーンは、「ストロークはこころの食物・栄養剤である。ストロークがないと人は生きていけない」とも「人はストロークを得るために生きている」ともいっています。

このことに気づけば、これまで漠然としていた人間関係の問題点が次第に明確になってくるのではないでしょうか。私たちにとって、ストロークは活動の源泉であり、動機づけの大きな力となるのです。

職場におけるストローク

私たちは、ストロークがどんなものであるかについて理解すると、ストロークが私たちにとっていかに必要であり、組織に取り入れるのがよいことであるのかが理解できます。

私たちは、ストレスが適切で仕事を楽しく生産的なものにするために、職場での肯定的ストロークの行動を増やす必要性に気づくはずです。

（1）生産的批評とアダルトへのストローク

生産的な批評を与える能力は、リーダーにとって欠くことのできないものです。TAは、否定的な要素が入っているときでも、相手の行動に対して正直な評価を与えることのできる多くの示唆を与えてくれます。ちなみに、批評という言葉は否定的な意味をもちがちですが、辞書によれば、批評とは「知識と正当さをもって評価あるいは分析する技術である」と定義されています。必ずしも否定的なものではなく、より生産的に指向するものといえます。

もし、あなたがリーダーとして否定的批評をしなければならないときは、データ（事実）にもとづいて、特定の問題点を話すことが肝要です。たとえば「この報告書は完成していない」という表現は、「あなたはどうしようもない作成者だ」という表現よりはるかに良い感情を持たせます。

TAでは、「批評が肯定的なときは、その人と行動にストロークを与え、否定的なときは、

行動のみについてストロークを与えること」といっています。
　生産的批評を与えるには、次のようなことに留意する必要があります。
 1. 問題をできるだけ早く取り扱うこと
 2. 気持ちを楽にしてみること
 3. 無関係なことは言及せず、小さなことにはふれないこと
 4. 「私」で話すこと
 5. 正直であること
 6. 相手の話を聴くこと
 7. 過去の間違いにまで言及しないこと
 8. 相互了解に達すること
 9. 最終決定を確認すること
　このようなことに留意しながら、率直で相手をおびやかさない態度で話すとき、その批評は建設的なものとなり、その批評は相手に受け入れられ、実行されやすくなります。

(2) チャイルドへのストローク

　私たちのチャイルドは、組織の規範や自分の中のペアレントによってコントロールされています。したがって、チャイルドをある程度解放することも必要です。例えば、FCに自由を与えることは、明るくて、楽しい雰囲気をかもしだし、価値ある創造的なアイデアは、自由に表現され、悲しみや怒りの感情は抑圧することなく、外に出せるようになります。チャイルドは感情を豊かに持ったチャンネルであり、FCに対するストロークは、職場の雰囲気をイキイキとしたものにしてくれます。

(3) ペアレントへのストローク

　ペアレントは、組織の規律を保持したり、お互いに助け合ったりすることなど、大切な役割を担っています。したがってペアレントへの肯定的ストロークも必要です。
　リーダーにとってNPを用いる能力は、部下や同僚が助けを必要としているとき、援助したり、保護したりします。また、周囲の人たちの悩みや相談のよい聴き手ともなります。もし、ペアレントの自我状態が、適当なストロークを受けなければ、その人は他人の面倒をみない非同情的な人になりがちです。リーダーでNPを使えない人は、部内でのコミュニケーションがうまくいかないことがしばしばあります。それに、問題は未解決のままで、部下は上司と、重要なこと以外はお互いに関係をもつことを避けることが往々にしてあります。

(4) すべての自我状態へのストローク

　私たちが良い状態で機能するには、すべての自我状態に肯定的ストロークが必要です。もし、1つのチャンネルにストロークを与え、他の2つを排除すれば、それは1つのチャンネ

ルに十分にストロークを与えないのと同じように非生産的となります。

例えば、女性を部下に持つ上司が部下の服装やお化粧をほめ、「～ちゃん」などとたくさんのストロークを与えるばかりで、能力や技術にストロークを与えるのを怠ると、その結果、部下は仕事に関してアダルトをほとんど働かさなくなり、勤務時間中も化粧室に入ってはお化粧に時間をつぶすことが多くなってしまう、ということになります。

したがって、私たちが3つのすべての自我状態にバランスのとれたストロークを与えるとき、それはもっとも生産的となります。

ディスカウントとは

ディスカウントとは、スーパーでディスカウントセールと広告などで告知しているように、「値引き」を意味します。

TAでは、相手の存在やその価値（自分自身の存在やその価値、現実状況などについても含みます）を値引く働きかけをいいます。

自分自身をディスカウントする場合は、「どうせ俺にはできっこないさ」「どうせ僕には無理！」と、自分の能力や可能性、実際の行為の意味や価値をディスカウントします。

もう1つは、相手の人や周囲の状況をディスカウントします。

子どもの頃、両親から肯定的ストロークをたくさんもらって育った人は、自分の周囲の人に肯定的ストロークを与えられますが、否定的ストロークやディスカウントを多く受けて育った人は、自分の周囲の人に対して肯定的ストロークがなかなか与えられず、ついつい否定的ストロークやディスカウントを与えてしまいます。

ディスカウントは、偏見や決めつけをするCPが「お前はダメな奴だ！」、「そんなものはくだらない！」といっているときであったり、お節介で過保護のNPが溺愛したり、「ああしなさい」「こうしなさい」と、過干渉になって相手のやる気や能力を損なってしまうときです。

またあるときは、わがままなFCが「何とかなるさ！」と、周囲の人や現実を見ずに勝手なことをやったり、わたしはNot OKと思い込んでいるACが「ああ、やっぱり、僕はダメなんだ！」とつぶやいたり、反抗のACが、「何を言ってやがる！ お前が○○だから、◇◇になったんだ！」と、大声でわめいているなどのときです。

肯定的ストロークがよりよい対人関係を築くために必要なものであるのに対して、ディスカウントは、"いまここ"のアダルトが機能しておらず、さまざまな問題を引き起こします。

ディスカウントは、存在を無視したり軽視したりすることですが、私たちが日頃、仕事の上や個人的なレベルで抱える問題にもディスカウントが働くことがあります。

それは、次の4つの様相で現れます。

Transactional Analysis

(1) 問題の存在そのものをディスカウントする

「わたしが課長に不満を持っているって？ そんなことはありませんよ。彼は上司として十分に尊敬できる人ですし、人間関係もうまくいっていますよ」…本当は、潜在意識で課長に対する不満や人間関係のわだかまりがあったとしても、周りにそう答えていると、自分でもそれを信じてしまうものです。

これは、自分自身で自分の問題に気づいていないか、気づかないようにしているため、問題そのものをディスカウントしており、自覚がない、自覚症状がないというのは最も重症な状態です。

　例：「えっ、わたしですか？ わたしには対人関係上の問題なんて、なにもありませんよ！」

よくあることですが、筆者が経営コンサルタントとして、中堅中小企業に出向く際、幹部の方々のヒアリングをすると、数名から、「うちには何も問題はありません」と返答がきます。もちろん、筆者への抵抗や防衛（この先、変化を強いられるのは嫌だ）だとは思いますが、この言葉を聞くたびに筆者のエネルギーレベルが下がる瞬間を実感します。

〈メンタルヘルスの例〉

部下からメンタル不調を訴えられても「気のせいだ」「努力が足りないからだ」などととり合おうとしない中小企業の経営者が残念ながらいまだにいらっしゃいます。

(2) 問題の存在は認めても、その意味合いをディスカウントする

「そりゃあ、課長には、言いたいことはありますよ。でも、それは大したことではないし、口に出すのも大人気ないですよ」…それが決定的に重大な障害になっているにもかかわらず、このように考えたがるタイプの人もいます。

これは、問題が存在することは認めていても、問題の大きさ、それがもつ意味合いをディスカウントしています。どれほどの問題なのかを正確に捉えられていません。

　例：「そりゃあ、わたしにだって対人関係の問題はありますよ。でも、誰にだってそれくらいの問題はあるんじゃぁありませんか！」

筆者がよく遭遇する事例として、コンサルティングの場面で筆者が疑問や問題を提示すると、「うちの業界は特殊ですから」「他の業界と違って…」「この地域独特の…」などと、ことの重大さ、問題の意味を認めようとしない幹部がいます。まさに「わたしは変わりません」と宣言しているようなものです。

〈メンタルヘルスの例〉

長期労働やハラスメントを原因にうつ病になったという報告に対し、「仮に訴訟になったとしてもたいしたことなどない」と企業イメージの悪化や賠償額、是正勧告などを軽視している経営者などが一例です。

(3) 問題を解決できる可能性をディスカウントする

「課長とうまくやっていけないのは、運が悪かったと思ってあきらめるほかないでしょう。どちらかが異動するまで、じっと辛抱していればすむことですから」…どのような問題も、やり方次第では、いままで以上に好転させることができるものです。その努力をせずに、あきらめるのは問題を解決できる可能性をディスカウントしています。このようなことを言っている間は、問題は何も解決されません。

　例：「人にうまくとけ込めないのは、生まれつきのわたしの性格で、とても直すことなんてできませんよ」

筆者が遭遇するケース…「うちは小さな企業ですから、改革に向けての資金なんてとてもとても…現状をただ維持するだけで精一杯です」「大企業と違って、うちには優秀な人材がいないものですから…」
〈メンタルヘルスの例〉
「ストレスのない職場などありえないんですから、不調者を出すなということ事態無理な注文ですよ」「メンタルは本人の問題で会社が何とかできることじゃない」

(4) 問題を解決するための能力をディスカウントする

「課長とのことはこのままではいけないことはわかっているんです。しかし、わたしが何を言ってもムダでしょう。彼がわたしに対する見方を変えるとは思えませんので」…私たちは、何かというと「できない」ということで物事を片づけることが多いようです。しかし、よく考えてみると、「できない」のではなく「しない」だけであることが多いものです。

「できない」というのは、自分や他人の中にある解決する能力、成長する機会（可能性）をディスカウントしています。

　例：「はい、人に溶け込んで行くには、自分の気持ちを率直に表現する必要があるのはよくわかっています。でもダメなんです。わたしには、それがとっても難しいのです」

筆者が遭遇するケース…「わかっているんですが、忙しくてそれどころではないんですよ」「わたしには荷が重すぎます」…
〈メンタルヘルスの例〉
「我が社には、専門部署がないものだから何から手をつけてよいかまったくわからない」「メンタルなどと目に見えないことを何とかしろと言われてもどうしようもないですよ」

統合失調症の研究をしていたジャッキー・リー・シフ博士によると、病的な状態まで進んでしまったディスカウントは、次のような4つの「受動的行動」をとるといいます。

(1) 何もしなくなる

周囲のことに関心がなくなり、何かやることに対して価値を見出せなくなった結果、気力が失われ、「何もしない」という行動としてよく現れます。

(2) 過剰な順応行動

自分の能力に評価が与えられず、その結果、自分が自分をディスカウントするため、自分でやりたいと思うことを棚上げし、他人の言うことややろうとすることに動かされて、追随してしまう行動を起こします。

(3) そわそわする

心理的には目的をもった行為ができないが、生理的にからだを動かしていたいという欲求があると、貧乏ゆすり、部屋の中を動き回る、足で床をカタカタと踏み鳴らすというような、落ち着きのないそわそわした行動をとることがあります。

(4) 運動爆発

ふさがれてしまったエネルギーがいっぺんに放出されると「運動爆発」という行動に出ます。これには2つの方向があり、それが外部に向けられた場合は、人や物に対して破壊的な暴力をふるい、内部に向けられた場合は、失神する、嘔吐するというような症状となって現れます。

ディスカウントにどう対処するか

ディスカウントをやめて、よりよい対人関係を築くにはどうしたらよいでしょうか。

まず考えられることとして、自分自身の存在や価値、相手の存在や価値を認めることから、ディスカウントへの対処がはじまります。

そして、共生関係から抜け出し、自分のPACという3つの自我状態の働きを十分活用できる"個の確立"をはかることが必要です。

またアダルトの自我状態の働きを強め、"いまここ"での自己に目覚め、現実を直視することです。

＊共生関係とは、(第1章でふれましたが) ひとりの人の中に、PACの3つの自我状態がきちんと確立されていない状態で、どうしても他の人に、その人のPACの自我状態の一部を自分のものとして機能させてもらわないことには、一人前として通用しない状態です。

📖 ワーク❶ ： メンタルヘルス不調者を出さない職場とは

🖋 ワークのねらい

　肯定的ストロークがいかにメンタルヘルス不調者の発生を予防することに結びつくか、さらに肯定的ストロークが交される活性化した職場は、いかに生産性が高いかに気づきます。

🖋 進め方

①ホワイトボードに、「メンタルヘルス不調者を出さない職場とは」と書きます。
　（注）ストロークの解説の前に参加者からの意見を抽出しておき、解説後、働きがいとストロークの関連性を確認します。テーマをもっと前向きにする場合は、たとえば、「仕事を10倍楽しく（ワクワク）する方法とは」（どんな仕掛けを、どのような環境で、どのような関係づくりの中で…）と題材を変更します。
「うつ病や神経症など、メンタルヘルス不調者を出さない職場とはどのような職場でしょうか？」と問いかけます。
②個人で3分ほどの時間を設けた後、グループで気軽に話し合ってもらい、どのような会話が行われたか、いくつかの事例を紹介していただきます。
③15前後の板書ができたところで、ストロークの解説へ進みます。

🖋 ふりかえり&ポイント

　ストロークの解説後、ホワイトボードに記載した板書を1つ1つていねいに確認し、ストロークがいかにメンタルヘルス不調者を出さないために必要であるかを確認します。さらに、ストロークがいかに職場の風通しを良くし、職場を活性化し、生産性を高めることにつながるかを全体で共有します。

以下に、板書の一例をご紹介します。
・何でも言い合える雰囲気がある
・上司をはじめ、周りから認められる（必要とされる）
・悩みを受けとめてもらえる（聴いてもらえる）
・日頃からほめてもらえる

Transactional Analysis

- 成長しているという実感がある
- 日頃から相談できる仲間（上司・先輩）がいる
- 笑顔が絶えない
- 相手のことを気遣う仲間
- 働くことが楽しいと感じられる
- 朝、出勤するのが楽しく感じられる職場

（注）上記の中のいくつかは抽象的であるため、具体的に問いかけます。例：「朝、出勤するのが楽しく感じられる職場って、どんな雰囲気？　どのようにかかわってる？　みんなの表情は？」

ワークシート

メンタルヘルス不調者を出さない職場とは

Transactional Analysis

ワーク❷　ストロークの自己分析

ワークのねらい

　もらったストローク・与えたストローク・求めるストローク・与えるストロークを整理することで、日頃のストローク環境に気づきます。

進め方

　2種類のワークシートをご紹介します。時間の関係や参加者のレベルに応じて使い分けます。まず4枚のワークシート「気づいてみませんか　もらったストローク」「気づいてみませんか　与えたストローク」「楽しみませんか　求めるストローク」「楽しみませんか　与えるストローク」についてご説明しますが、時間が限られていたり、参加者がリーダー以上であれば、別の1枚もののシート「ストロークの自己分析」を活用してください。このワークシートでは、具体的な部下をイメージしていただくことがポイントです。

①ワークシート4枚は主に職場でのストロークのやりとりに限定し、整理してもらいます。
②3枚目の「求めるストローク」という点は、イメージしにくいため、講師の事例を紹介しながら、記入を促します。ワークシートは、1枚ずつ配布することでじっくりと取り組んでいただきます。

（注）Being は存在そのものへのストローク（例：「君がいてくれるだけで、職場が元気になるよ」）、Doing は行った行為に対するストローク（例：「君が手本となるプレゼンをしてくれるお蔭で、みなによい影響となるよ」）、Having は、持っているもの、身につけているものへのストローク（例：「君のネクタイは春らしく、さわやかだね」）です。

（注）ターゲットストロークとは、その人がもっとも光り輝く質の高いストロークです。相手の大切にしている考え方、価値観、人生観などを承認することによって、相手が光り輝きます。ターゲットストロークは、相手の日頃の言動に強い関心を持つことで把握できます。

✏️ ふりかえり&ポイント

①ふりかえりも1枚ずつていねいに、ペアで語りながら実施します。
②4枚のふりかえりを終えたら、「与えることの多い人は、もらうことも多くありませんか？」「紹介していただける希少な事例はありませんでしたか？」「3枚目のシートには、どのようなことを書きましたか？」などと全体で分かち合います。
③各自ストロークパターンチェックリストをつけます。
　（注）本チェックリストは、故国谷誠朗先生から、カスタマイズならびに使用の許可をいただいています。
④ストロークパターンチェックリストの結果をペアでふりかえります。①にふりかえりと併せて、ともに相手への感想を述べ合います。
「わたしたち一人ひとりが、ストロークを積極的に与え、もらい、求めることで、職場のエネルギーはどれくらい高まりそうですか？」などと、メンタルの予防に向けてストロークがいかに大切であるかということを、再確認するために全体で気づきの共有をします。

　日本では、言霊(ことだま)といわれるように、言葉には力があると考えられています。体操の金メダリスト具志堅幸司氏は、子どもの頃に次の経験をしたそうです。
　東京オリンピックの体操競技をテレビで見ていて、ウルトラCを演じた選手の演技に、興奮のあまり「すごい」と叫んだそうです。そして、台所で家事をしていた母親に向かって「母ちゃん、俺もあんなことができるんだか？」と尋ねると、母親は別段驚いた様子もなく、ひとこと「あんたも練習すればできるんよ！」と答えたそうです。
　具志堅さんは「もしあのときに母親から『何を考えているの、あんたにできるわけがないでしょ』と言われたら、自分が体操選手になっていたかどうかわからない」と語っています。
　言葉は、私たちの心に働きかけ、私たちの想いを高めもすれば下げてしまうこともあります。それは組織やチームも同様で、使われている言葉、その真意によって、組織の中に活力を生み出すことができるのです。

Transactional Analysis

『上達を信じる』

　ストロークのプレゼントが上手なスタッフから聞いた実話です。学生時代、スタッフはスノーボードを習っていたそうです。若い同世代のコーチから指導を受けながら、斜面を滑る練習を繰り返していました。うまく滑ることができず、転倒ばかりしていたそうですが、若いコーチはあたたかく根気よく熱心に指導してくれたそうです。2シーズン目に入っても、まだまだうまく滑れません。そのため、スノーボードをやめて、スキーに戻ろうかと何度も考えたそうです。自分にはセンスがないと自信を失いそうになっていたとき、年長のコーチがそっと声をかけてくれたそうです。「あなたの転び方には才能を感じます。きっと上達しますよ」と。この励まし（ストローク）に支えられ、練習を続け、急な斜面もうまく滑れるようになったそうです。

　そのときのコーチから励まされたのは、"転び方が上手"とほめられたことではないそうです。ほめるところが見当たらない状態において、"転び方をほめてまで、上達を信じてくれた"そのことに励まされたとのことです。

　人の可能性を信じること、それは私たちが大切な人に捧げる最高のプレゼントなのかもしれません。

　いまでは、部下から信頼の厚いリーダーとなっています。その秘訣は、部下自身が気づいていない点をフィードバックする、欠点と思われがちな点を長所としてフィードバックする、そのことを日々、意識しているそうです。

ワークシート

気づいてみませんか　もらったストローク

ここ１週間を　ふりかえってみませんか

誰から　どのようなときに

どのようなストロークを　もらいましたか

思いつくままに　考えてみませんか　書いてみませんか

だれから	どのようなときに　どのようなことで どのようなストロークを　もらいましたか	Being Doing Having

気づいてみませんか　あなたのストローク

誰からもらうのが嬉しいですか

どのようなことでもらうのが嬉しいですか

Being に対して　Doing に対して　それとも Having に対して

どれくらい嬉しかったですか

いかがですか　あなた特有のパターン（クセ）がありますか

自分のストロークのもらい方で　どんなことに　気づきましたか

Transactional Analysis

ワークシート

気づいてみませんか　与えたストローク

ここ１週間を　ふりかえって

誰に　どのようなときに　どのようなことで

どのようなストロークを　与えましたか

思いつくままに　考えてみませんか　書いてみませんか

だれに	どのようなときに　どのようなことで どのようなストロークを　与えましたか	Being Doing Having

気づいてみませんか　あなたのストローク

誰に与えやすいですか　誰に与えにくいですか

どのようなことで喜ばれますか

相手は快く受け入れてくれましたか

相手は　どれくらい嬉しかったと思いますか

いかがですか　あなたらしいパターン（クセ）がありますか

自分のストロークの与え方で　どんなことに　気づきましたか

ワークシート

楽しみませんか　求めるストローク

今日から　ストロークを求めてみませんか

誰に　どのようなときに　どのようなことで　どのようなストロークを　求めますか

求めてみませんか　自分が最も嬉しい　ターゲットストローク

だれから	どのようなときに　どのようなことで どのようなストロークを　求めますか	Being Doing Having

楽しみませんか　ターゲットストローク

誰に求めやすいですか　誰に求めにくいですか

どのようなことで求めやすいですか　どのようなことで求めにくいですか

相手はあなたの要求を　快く受け入れてくれそうですか

うまく伝えられそうですか　うまく求められそうですか

いかがですか　楽しみませんか　あなたのストローク

ストロークを楽しむ　新しい習慣を　つけてみませんか

Transactional Analysis

ワークシート

> 楽しみませんか　与えるストローク

今日から　ストロークを与えてみませんか

誰に　どのようなときに　どのようなことで　どのようなストロークを　与えますか

与えてみませんか　相手が最も喜ぶ　ターゲットストローク

だれに	どのようなときに　どのようなことで どんなストロークを　与えますか	Being Doing Having

楽しみませんか　あなたのターゲットストローク

誰に与えやすいですか　誰に与えにくいですか

どのようなことで与えやすいですか　どのようなことで与えにくいですか

相手の求めるターゲットストロークを　尋ねてみませんか

相手の求めるターゲットストロークに　応えることができますか

いかがですか　楽しみませんか　あなたらしいストローク

ストロークを楽しむ　新しい習慣を　つけてみませんか

ワークシート

ストロークの自己分析

(　　　年　　　月　　　日)

相手の名前	あなたは、これまでその人に対して、どんなストロークをどのように与えてきましたか。	あなたは、これまでにその人からどのようなストロークをどのように与えられましたか。それに対してあなたはどのように反応してきましたか。
	あなたは、これからその人に対して、どんなストロークをどのように与えますか。	あなたは、これからその人から、どのようなストロークをどのように受けたり、要求したりしますか。 そのストロークがきたとき、どのように反応していきますか。

Transactional Analysis

ワークシート

ストロークパターンチェックリスト

次のA～Eのアンケートを読んで自分の行動に当てはまるものには2点、どちらとも言えないものには1点、当てはまらない場合には0点をつけて下さい。全部の質問に答えてから、各グループごとに得点を合計し、棒グラフに記入して下さい。あなたのストロークの出し方、受け方のクセを理解する手がかりになるでしょう。一般的にストロークの授受が高いほうが望ましいと考えられます。

A 肯定的ストロークを出す度合い

①友人・同僚と食事やお茶にでかける場合、自分が誘いかける方が多い。	(　)
②帰宅したとき、家族が「おかえりなさい」というより先に、自分が「ただいま」という。	(　)
③困っている人を助けすぎるので、家族や友人から「お節介すぎる」といわれたことがある。	(　)
④職場でも、他人の労をねぎらったり、感謝したりすることが容易にできる。	(　)
⑤家族の誕生日や結婚記念日などを覚えていて、自分からお祝いの言葉を口に出したり、働きかけたりする方である。	(　)

B 否定的ストロークを出す度合い

①会議や雑談の席上、他人の欠点を指摘する発言が多い方である。	(　)
②職場の後輩や部下に対して、ほめ言葉よりも、どちらかと言うと忠告や叱り言葉が多い方である。	(　)
③家族が思いどおりにしない場合、注意する方である。	(　)
④食堂などのサービスが悪いと、指摘をする方である。	(　)
⑤列に割込んだり、禁煙場所で喫煙したりする人を見ると、注意する方である。	(　)

C 肯定的ストロークを受ける度合い

①帰宅したとき、自分が「ただいま」という前に、誰かが、「おかえりなさい」と言ってくれる。	(　)
②仕事の上で関係者（お客様、取引先の人など）から感謝されたり、ねぎらってもらうことが比較的多い。	(　)
③仕事の成否にかかわらず、途中で努力を認めて励ましてくれる上司や先輩をもっている。	(　)
④意外な人から誕生日のカード、その他の記念品、季節の挨拶の品などをもらって驚いたことがある。	(　)
⑤本当に困った問題をかかえたとき、すぐに相談できる信頼できる人がいる。	(　)

D 否定的ストロークを受ける度合い

①職場で小さな失敗や目標達成できなかったことについて、叱られるか、厳しい圧力を感じることがある。	( )
②この半年間で、自分の責任でないことで職場で責められたと感じたことがある。	( )
③家族の中に、神経質な人がいて、悪意はなくても、あなたを批判したり、厳しく責めることがある。	( )
④上司や先輩に、人並み以上に厳しい人がいる、と感じることがある。	( )
⑤自分の家族は他の家族に比べて、互いに厳しいと感じることが多い。	( )

E ストロークを外部とやりとりせず、自分に向け引きこもる度合い

①休日では、一日をまったくひとりで過ごしても苦にならない。仮に友人が訪ねてきたとしたら負担に感じる。	( )
②道の向こうから知人がくるのに気がついたが、挨拶をするのが面倒なので、もし可能ならば、進路を多少変えて接触を避けたくなる。	( )
③他人との会話中、急に考えごとに耽ってしまい、返事を促されて我に返るようなことがある。	( )
④職場での昼食のとき、事情でひとりで食事をすることになるとホッとし、解放感を感じる	( )
⑤パーティや親睦会など、都合でやむなく欠席しなければならなくなると、むしろほっとする。	( )

採点のしかた

　A～Eの各グループごとに得点を集計し、次の棒グラフに書込んでください。どのように改善したらいいか自己検討してください。

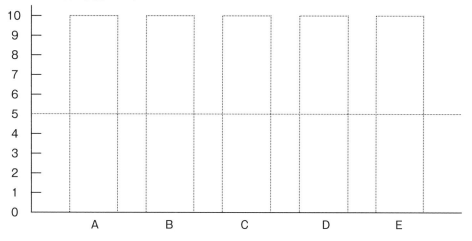

（国谷、1989より作成）

Transactional Analysis

📖 ワーク❸ ｜ ストローク・プロフィール

✏️ ワークのねらい

①対人関係における自己評価とストロークの与え方、受け方、期待の仕方を検討し、ストローク・プロフィールの手がかりをつかみます。
②リーダーとして、自分のストロークの与え方、受け方を検討し、より望ましいストローク・プロフィールを築くための手がかりをつかみます。

✏️ ふりかえり&ポイント

①ペアですべての問いを分かち合います。
②グループで、ワークシート「ストローク・プロフィール」の問2と問3の具体的な行動を列挙し、ホワイトボードにまとめ、全体でヒントを共有します。

　ストロークは、私たちの精神的健康と密接な関係があります。もし、受けている肯定的ストロークの量が8以上なら、精神的健康度は十分合格点であり、何をするにも自信があり、毎日の生活に張り合いと意欲を感じていることでしょう。
　もし、受けている肯定的ストロークの量が2以下なら、あなたの精神の健康度には、問題があるといえます。何をするにも自信がなく、不安でイライラしているのではないでしょうか。
　そして、受けている肯定的ストロークの量は、与える肯定的ストロークの量、あなたの与える、または受ける否定的ストロークの量と密接につながっています。肯定的ストロークを十分に受けているのであれば、他人に与える肯定的ストロークの量も十分であり、同時に他人に与える、または受ける否定的ストロークの量も減少します。

ストロークバンクとサポートシステム①

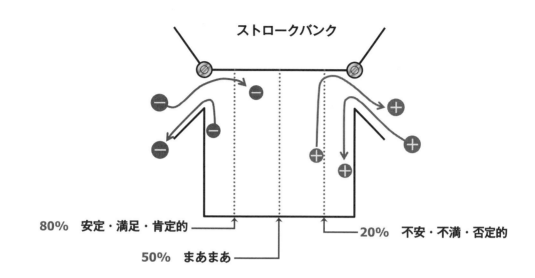

ストロークバンクとサポートシステム②

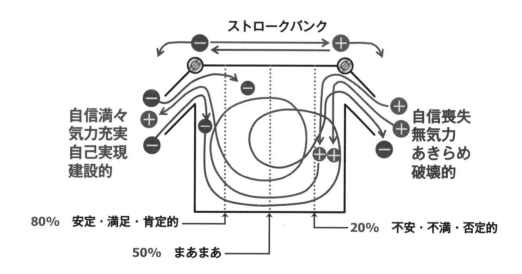

Transactional Analysis

> ワークシート

ストローク・プロフィール

1. あなたは、ふだんどのくらいストロークを与え、受け、期待していますか？
   ストロークの最大量を１０として、次の図に書き入れましょう。

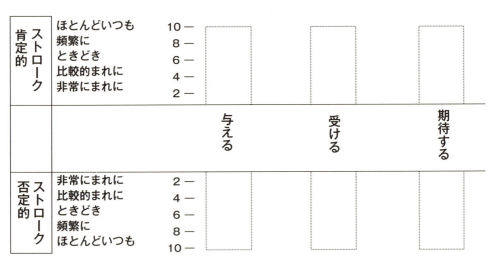

2. あなたは、どのくらい他の人から認められたいと思っていますか

   まったく思わない ├─┼─┼─┼─┼─┼─┤ 非常に思う
   　　　　　　　　　1　2　3　4　5　6　7

   そのためにとっている具体的な行動は
   ①
   ②
   ③
   ④
   ⑤

3. あなたは、どのくらい他の人の存在を認められると思いますか

   まったく認められない ├─┼─┼─┼─┼─┼─┤ 十分認められる
   　　　　　　　　　　　1　2　3　4　5　6　7

   そのためにとっている具体的な行動は
   ①
   ②
   ③
   ④
   ⑤

何気ない感謝も心地よいストローク

「ありがとう」と「おいしいなぁ」…これは筆者の父の口癖です。父は42歳のときに交通事故に遭い、それ以来、重度の障害者として生活をしています。その父の暮らしぶりには、見習いたいことが多々あります。

少しの親切に「ありがとう」、何かを食べると「おいしいなぁ」と満面の笑顔と、こころから感謝することのできる父の傍にいるだけで、こちらまで幸せな気分になります。

つい最近まで、「せっかく交通事故で命が助かったのだから、その命をどのように使うか、神様からいただいた命というプレゼントをどのように活かすかが神様への恩返しになるんだよ」と父を諭し、家族に負担をかけている父に対して、どこかでその生き方を責めていたように思います。しかしいまは、傲慢で横柄なわたしが父と接することによって、少しでも謙虚に誠実に生きていこうとする、自分の生き方の質を高めるために父が傍にいてくれる…そう思えるわたしが存在します。

世間に向けて、神様へ向けて、何か恩返しをするためではなく、わたしのために父が存在してくれる。そのことによって、わたしの内面が磨かれているように思うのです。父が、ただ存在してくれるだけで、父に素直に感謝できる、父をいとおしく思える。その自分もまたいとおしく思えるのです。

少子高齢化社会では、職場だけではなく、家庭においても多くのストレスを抱え込む傾向が増えつつあります。企業戦士が羽を休めるところなく、ますます羽をばたつかせなければならないのが現状であったりします。しかし、そんなとき、自分の心持ちひとつで、ストレスの原因だった出来事がストレスを軽減してくれていることだと気づくことがあります。

「ありがとう」をいうとストレスが軽くなります。相手を思って何かしてあげたとき、「ありがとう」と言われると気分が良いものです。お礼を言われたいと思って何かしてあげたわけでなくても、感謝の言葉をもらうと嬉しいものです。

一方で、言われた側が嬉しいと思うだけでなく、言った側の気持ちも良くする作用があります。私たちは、優しい言葉を発すると、気持ちが安らぐ性質があるからです。

家族や親友など親密な関係になるほど、「ありがとう」という言葉が少なくなりがちです。「そんなこと、言わなくてもわかっているはず」…と。

身近な人だからこそ、身近な人に対して、当たり前のお礼を伝えてみませんか。どんな些細なことでも素直に感謝の気持ちを伝えることは、人間関係をスムーズにし、あなたの周囲がより居心地のいい居場所となります。

Transactional Analysis

📖 ワーク❹ ストローク・バンク

✏️ ワークのねらい

職場のストローク環境を整理しながら、好ましい職場づくりへのヒントを導き出します。

✏️ 進め方

① 1枚目のワークシート「あなたのストローク・バンク」に、個人ワークとして、まず左側にこれまでに受けた印象的なプラスのストロークと、与えたプラスのストロークを記入します。これは自分にとって「黒字」になります。

② 次に右側にこれまでに受けたマイナスのストロークやディスカウントと、与えたマイナスのストロークやディスカウントを記入します。これは自分にとっては「赤字」になります。

③ あなたのストローク・バンクの信頼残高は、「黒字」になりましたか？　と、個人でふりかえります。

④ その後、グループで2枚目のワークシート「職場のストローク・バンク」にならって、模造紙もしくはホワイトボードに4領域の意見を出し合います。
　（注）グループワークでは、「誰から(誰に)」という情報は自己開示を妨げるため省きます。

✏️ ふりかえり&ポイント

① 各グループでまとめた模造紙（ホワイトボード）を発表します。聞き手には、参考になる点をメモしながら、熱心に耳を傾けることを促します。

② 全グループの発表が終了したら、近くの人とペアになり、それぞれ、今後、実行したいと思うストロークを対話します。

③ 筆者は、全グループの模造紙を回収し、後日、研修報告（講師所感）と一緒に人事担当者様へお届けするようにしています。人事担当者様には、イントラネットや研修報告書に掲載していただけるようお願いしています。研修の場で終えることなく、風通しの良い職場づくりに向けて、行動が変わるための仕掛けを心掛けています。

このワークで取り上げられ、後日、具体的に企画（実施）されたメンタルヘルス施策の一例をご紹介します。

- 仕事の成果の評価をはかる指標があいまいで、上司と部下で意見が一致していない
  ⇒評価について、目標設定のときから、しっかり話しておく
- 上司に気兼ねして定時に帰れない。若い人がモノを言えない雰囲気がある
  ⇒上司が率先して、早く帰宅する
  ⇒職場の報告会で若い人に優先的に発言の機会を与える
- 重要な用件もメールで済ませてしまい、うまく伝わらずトラブル
  ⇒メールだけでなく、電話や対面でも連絡する
- 隣の人が何をしているかわからない
  ⇒職場内で業務の状況報告や情報を共有する仕組みを作る
  ⇒部門をまたいだ報告会を行う
  ⇒パーティションの高さを下げる
- 困ったときに上司に相談できない環境がある
  ⇒不在がちな上司は在席状況を明らかにして周知徹底しておく
  ⇒サブマネジャーを置いて、日常的な業務管理を任せる
- 月に1度、人事部長と産業医、EAPが昼食を摂りながら情報交換の場を持ち、経営の状況や組織上の問題になりそうなこと、例えば、ある部署のビジネス状況は厳しいとか、雇用延長制が導入されて悩む社員が増える可能性がある、といったことを産業医にあらかじめ伝えておく。状況を共有することで、個々の部署が点として機能することを防ぎ、会社の組織として連携できるようにした。
- 相談室を社長直轄に置き、経営側の情報をもとに社員にいま何が起きているか伝えることができるとともに、社員の相談から得た現状を経営側にフィードバックすることが可能となる。
- エグゼクティブ・カウンセリングの積極的展開
  「幹部のストレス状態は、部下のストレス要因」という事実を認識し、幹部クラスに積極的にカウンセリングの受診を勧める。相談することは受身ではなく、積極的な行為であることを全社的に浸透させる狙いも併せ持っている。幹部のカウンセリングへの抵抗感を排除することで、全社的にカウンセリングやメンタルヘルス不調への心理的抵抗感が軽減し、気軽に相談できる、相談し合う風土が芽生え始めた。
- 社内のイベント、社員の貢献事例など、個々の携帯に送り、全社員で承認し合うシステムを構築している。
- 先取り不安を取り除くためにキャリア・カウンセリングを実施。先取り不安とは、特に女性総合職が入社後、漠然と将来に対して感じる不安のことで、結婚や出産、転勤など、

現実の仕事以外のことで辞めざるをえない状況は、新入社員が将来のキャリアプランを描く上でも大きな障害となるため、気軽に相談できる場を設定。
- 配属した部署では、何を期待しているのか、キャリアに関する不安や悩みについて、定期的に話し合う機会を設定し、そこから挙がってきた問題に関しては、人事部や経営陣などを含めて解決する意欲を示す。
- 管理職の評価シートには、「部下のモチベーション向上に努めたか」を問う項目を設け、その評価は基本年俸に反映される仕組みになっている。

守秘義務があるため詳細は記せませんが、筆者がかかわった事例から、印象的な施策を補足させていただきます。

「孤立」撲滅運動

職場の人間関係の問題としては、「人間関係の希薄化」と「人間関係の葛藤、トラブル」の2つが挙げられます。IT業界などでは、出向や客先への派遣が多いため、従業員の「孤立化」が問題視されました。たとえば、朝出勤してから退社するまで、一言も誰とも話さず黙々と仕事をしている従業員がいたり、客先常駐のため、居場所がなかったり、周囲からの支援が得られない状態に置かれる例が散見されました。
- フレックスタイムを廃止…フレックスタイムを導入していたため、遅く出社した人は、既に仕事をしている人に挨拶すらできず、挨拶をしたとしても、PC画面を見ながらの片手間。プラスのストロークを交わす絶好の機会が軽視というディスカウントにすらなっていました。フレックスタイムを廃止した結果、リーダーが挨拶を通して、部下のメンタルにも気づく機会が増え、早期発見＆早期治療への意識が高まりました。
- 小集団活動の復活…仮に客先常駐といえども、小集団活動を復活したことで、週に1度以上は仲間とふれあう機会が設けられ、同僚間でお互いの愚痴を吐き出し合ったり、サポートし合う度合いが劇的に高まりました。
- 社内イベントの再開…この会社は駅から離れた場所にあるため、自動車通勤者が多く、日頃から飲み会などはめったに行われていませんでした。運動会や慰安会というと、「いまの若者は」という声が聞こえてきそうですが、不安な中、いざ人事が企画してみると、若手のエネルギー発散の場となり、全社を挙げて、大きな反響を得ています。いまでは若手が毎年プロジェクトを組み、すべての準備や運営を担っています。最近でこそ、運動会などはブームになっていますが、この会社では10年弱ほど前から取り組みはじめ、社員の一大イベントとして浸透しています。

予防のためのカウンセリング

　配置転換や昇進などの職場環境の変化は、メンタル不調が発症しやすいため、以下の施策を実施しました。
- 業務の引き継ぎの時間を十分に配慮する
- 異動後、2ヵ月間は、強制的にカウンセリングを受ける（「悪癖を吐きに行こう」と気軽さをアピール）
- 「相談に行き、弱音を吐いて、それでいま健康的に仕事ができている」という人の体験を職場の中で共有し合う（社内報やイントラネットなど）ことでカウンセリングが常態化し、健康なうちから「カウンセリングに行ってきます」という言葉が職場に飛び交うようになりました。
- 円卓の食堂…毎回、同じ人と同じ場所で同じ時間に食べるのではなく、テーブルを丸テーブルにし、くじ引きで支店長も交えて、座る場所を決めるようにしました。こうすることで、自分の部署以外の人とも話すようになり、他部署との連携がスムーズになったそうです。他部署の仲間とカウンセリングを受けた感想が共有され、カウンセリングの水平展開にも一役を担ってくれたそうです。

コールセンターへのおもてなし

　弊所で実施している『こころの健康診断』（ストレス・チェック）を全社導入したところ、想像通り、コールセンターのストレッサーが他部署に比べて非常に高く疲弊しているのが一目瞭然でした。その数値を見て、経営者が危機感を持ったことをきっかけに、「ES週間」（10月第2週は、消費者の問い合わせ窓口を担当するコールセンターのオペレーターに感謝しよう！）という企画が立ち上がりました。成績が優れたオペレーターを表彰するなど技術を高める取り組みだけではなく、主に前工程となる営業スタッフが積極的にオペレーターを慰労します。

　消費者との接点であるオペレーターはその対応いかんで、消費者が抱く企業イメージに大きな影響を及ぼします。オペレーターのストレスなどによる士気低下や退職率増加は顧客満足度の悪化に直結するため、働きやすい環境を作ることは重要な経営課題といえます。しかし、実際は、コールセンターが売上や利益を生み出す部門ではないため、どうしてもコスト削減に目が向きやすいのが現状です。

　この企業では、ES週間を企業の公式行事として、食事会や仮装パーティーなどの"お祭り"を企画しました。営業担当者が直筆のメッセージカードをオペレーターに贈ったり、直接お礼やねぎらう機会を設けます。そのメッセージカードに感激して、机に飾っていたり定期入

Transactional Analysis

れに入れて持ち歩くオペレーターも数多くいらっしゃいます。

　イベントは、コールセンターの食堂を営業社員が飾り付けして、オペレーターを招く懇親会を開催します（参加費は500円）。電話で名前は知っていても、会って話したことがない営業とオペレーターが多く、ともに感謝し合える接点を作ったのです。また、オペレーター同士で顧客対応についての意見を交わすなど、日頃のストレスを解消する場ともなっています。

　その他、オペレーターが所信表明したり、お客様に「ありがとう」と言われた回数を競い合ったりして、コールセンターの重要性を再認識する仕掛けも試みています。

ベスト・プラクティス

　ある企業で全社的に『こころの健康診断』（ストレス・チェック）を実施し、ストレッサーが比較的低く、健康的な職場を抽出し、ヒアリングに出掛けました。通常、ストレッサーの高い職場を探し、何とかしようとしがちですが、悪者捜しになる傾向があり、メンタル環境が悪化することすらあります。そのため、弊所では、好ましい職場での取り組みなどを水平展開することをおすすめしています。

　ある職場では、新卒者や異動でくることになった仲間に対して、手作りで模造紙大の歓迎メッセージを作成していました。

配属日に歓迎メッセージ

学生から社会人として、はじめて配属される職場は、不安がつきものです。異動者であっても大企業であれば、引っ越しをともない、新しい環境へ適応するには大きなエネルギーを必要とします。そのような環境にある中、上記のような歓迎メッセージが出社日に机の上に掲げられていたら、どんなにか嬉しいことでしょう。ただでさえ、新卒者や中途社員は、早く役に立ちたいという焦りや不安でいっぱいです。そんな中、歓迎の花束やメッセージが自分を迎えてくれる…その感激は、多くの方が良き思い出として語り継いでいます。

復帰時に歓迎メッセージ

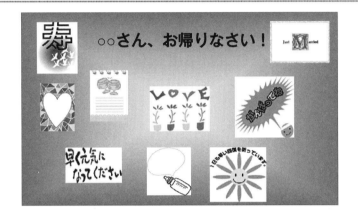

　この職場では、新婚旅行から戻ったとき、産休から復帰したときなどにも職場全員で歓迎メッセージを作成していました（メンタルヘルス不調からの職場復帰では、「がんばって」「早く元気になって」というキーワードは禁句ですが）。支店長が風通しの良い職場を築くことに熱心で、みな楽しんで参加している雰囲気が伝わってきました。職場の雰囲気だけでなく業績もたいへんよい職場であることも付け加えさせていただきます。

休日出勤のねぎらいに

休日出勤おつかれさまでした。
笑顔で引き受けてくれて、みな助かっています。
今後も私たちをサポートしてくださいネ！

Transactional Analysis

　上記の職場では、休日出勤してくれたパートさんなどに、支店長がキャンディやチョコレートと一緒に、お礼のメモを残しているのです。数百人規模の支店ですから、支店長がパートの方が休日出勤していることを知らなくても普通でしょうが、ストロークに長けた支店長の心配りは小さなことも見逃しません。パートの方々は、支店長という職場の長が自分たちが休日を返上していることを知ってくれていることに感激し、最大のモチベーションになったとのことです。『士は己を知る者のために死す』という筆者の大好きな言葉を思わず思い出した、感心する取り組みです。当然、この支店では、社員もパートも隔たりなく認め合い、地元でも評判の企業（支店）となっています。

「がんばって」ではなく、「がんばってるね」

　「がんばります！」「がんばれよ！」という言葉を私たちはよく用いますが、「がんばってるね！」という言葉は人に対して、ましてや自分自身についてはほとんど使いません。

　「がんばります」「がんばって」は行動レベルの言葉であり、その言葉の背後には、変化・変革を求めていることを暗示しています。つまり、現状を肯定していないのです。

　私たちが変化成長していくためには、存在レベルで現在の自分を認めてもらえることが肝心です。相手に変化・変革を促す際には、「よく、がんばってるね！」と、"いまここ"を認めることからです。

　（注）うつ病をはじめ、メンタルヘルス不調者には、「がんばってるね」も控えてください。

「現実」を基準にする

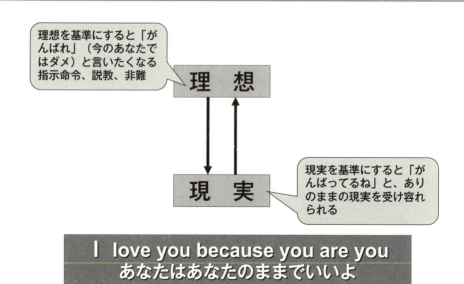

I love you because you are you
あなたはあなたのままでいいよ

ワークシート

あなたのストローク・バンク

	"黒字"			"赤字"	
	ストロークの内容	誰から？		ストロークの内容	誰から？
受けたプラスのストローク（＋）			受けたマイナスのストロークやディスカウント		
	ストロークの内容	誰に？		ストロークの内容	誰に？
与えたプラスのストローク（＋）			与えたマイナスのストロークやディスカウント		

Transactional Analysis

ワークシート

職場のストローク・バンク

	"黒字" ストロークの内容		"赤字" ストロークの内容
受けたプラスのストローク（＋）		受けたマイナスのストロークやディスカウント	
	ストロークの内容		ストロークの内容
与えたプラスのストローク（＋）		与えたマイナスのストロークやディスカウント	

ワーク❺　ムーブメント

ワークのねらい

　肯定的ストロークを与えたり、受けたりする体験を通して、自分がどのくらい相手に肯定的ストロークを与えることができるか、また相手からどのくらい肯定的ストロークを受け取ることができるかに気づきます。

進め方

　このワークをする際は、あらかじめ、リラックスできる服装で参加いただくように事前に通知します（このワークにはワークシートはありません）。
　机を部屋の四隅に片付け、動けるスペースを確保します。
　このワークは、軽快な音楽をかけながら行うと効果的です。

①ウォーミングアップ…両手をあげて伸びをしながら、大きなあくびをします。
　（注）このとき声も出して十分にリラックスします。

②自分の歩き方を自覚しながら、部屋を歩き回ります。普段のスピードで。その倍のスピードで。1／2のスピードで。楽しそうに。悲しそうに。いまの気持ちを表現しながら…と順に歩く課題を変えます。続いて、メンバーとのかかわりを意識しながら。まずは無視して歩きます。アイ・コンタクトしながら、次はタッチしながら。
　「日頃、あなたはどのような気持ちでメンバーとかかわっているでしょうか？」と問いかけながら。

③立ち止まって、自分自身の肩をたたきます。近くの人とペアになり、お互いに肩たたきをします。
　「ペアを組んだとき、相手を選んだ方ですか、選ばれた方ですか？　日頃、どちらの傾向がありますか？　自分から声をかけますか？　それとも声をかけられることの方が多いですか？」「このあとは、普段と違った自分にチャレンジしてみてください」

④両手を合わせて、押し合いをします。「押して相手を動かすか、相手のプッシュをかわして引いてみるか」

⑤「丸太切り」　西洋式ののこぎりで大木をふたりで協力しながら切るイメージです。これは相手の動きにどれだけ合わせられるか、相手をよく観察しながらの共同作業です。「よいしょ」などと、声を出しながら、切り倒します。「木はどちらに倒れたでしょう…ふたりのイメージは一致していますか？」

Transactional Analysis

⑥「ミラーリング」 違う相手とペアを組み直します。ひとりが人間、もうひとりが鏡となって、人間は自由自在に動き回ります。鏡役は、鏡になったつもりで相手に合わせて動きます。途中で役割を交替します。

「人間役のとき、鏡のことを思いやりましたか？ それともFCを開放し、十分に動き回りましたか？」

「人間役と鏡役のどちらが居心地よかったですか？」

（注）ここまでの体験について、感じていることをふたりで分かち合います。

⑦「背中と背中」 背中合わせになって、相手を交互に背負い、動き回ります。途中でペアを替えます。

⑧無言で目を閉じて相手を感じます。（言葉や視力を使わないで）

⑨「タッピング」 6～10名くらいの人数で、ひとりが輪の中に入り、うつぶせに横たわります。周囲のメンバー全員で、最初は手のひらでふれます。徐々に軽くタッピングし、速度を速めたり、落としたりしながら、再度、手のひらでふれます。

（注）これはタッチストロークの心地よさを感じ、人のぬくもりを感じるワークです。

（注）「どんな感じがしましたか？」と、数人が終わった後で、全体（全グループ）に問いかけます。

⑩「信頼の輪」 人数は⑨と同じです。輪の中央にひとり入り、両足を揃えて目を閉じます。周りのメンバーは、中央の人がいつ、どこへ倒れてきても受けとめられるようにしっかりと構え、倒れてきたら受けとめて、ゆっくりと戻します。中央の人は、目を閉じたまま自由にどこへでも信頼して、倒れてみます。（ひとり3分ほど）

（注）ここからは、音楽を静かなものに変更します。このワークは集団に対する信頼を感じることが目的です。数人が終わったら体験者に感想を尋ねます。

⑪「ゆりかご」 8～10名ほどの人数で、中央にあおむけに横たわっている人を支え、ゆりかごのようにゆすってあげます。支えるメンバーも支えられる人と同じように、気持ちよさそうに行います。

（注）横たわっている段階で、幼少の頃に好きだった子守唄を尋ね、ゆりかごをゆすっているときは、支えるメンバーでハミングします。

⑫「支え上げ」 人数は⑪と同じです。あおむけに横たわっている人を支え上げ、ゆっくりと頭上へと持ち上げます。このとき、少し照明を暗くし、動作はゆっくりとていねいに行うと効果的です。上方に支えたら、60秒ほど停止して支えることもポイントです。

（注）途中、何人かに体験談を語っていただきましょう。

⑬最後は、参加者全員がお互いに向かい合って、目の前の仲間に最大限のストロークをプレゼントし合います。全員にストロークをプレゼントし、全員からプレゼントされたら終了です。

（注）時間の制約ですべて行うことは困難かもしれませんが、①から⑬のいくつかを組

み合わせながら、からだをうごかし、ストロークを交換する体験を試みることは、たいへん有意義です。

✎ ふりかえり&ポイント

①全ワークが終了したら、近くの4名ほどで、気づいたことをシェアします。
②そして、全体で話し合われたことを分かち合います。

このようなワークを職場で実施することは現実的ではありませんが、できれば、このような雰囲気を常時でなくとも職場の風土（空気）として保っていただければ、メンタルヘルス不調者を出すこともなく、活性化した職場になることと思います。
「ワーク中みなさんの笑顔があふれ、そのような職場（家庭）づくりを願うばかりです」などとコメントし、以下の笑顔についての話材につなげます。

仏教では「無財七施」という教えがあります。財がなくとも私たちにできることが七つあり、そのひとつが「和顔施」、つまり微笑むことなのです。
笑いは「最高の薬」「内なるジョギング」といわれ、緊張を解きほぐす効果があります。
笑いは前向きな感情を引き起こしてくれます。「心身一如」の言葉どおり、前向きな感情でいるときには、からだにも頼もしい変化が生じるといわれています。大いに笑うと、横隔膜が刺激され、内臓が動き出し、血液の循環が良くなります。また、ナチュラル・キラー細胞と呼ばれる、癌やウィルスに感染した細胞を攻撃する細胞が増えるという報告もあります。
また、笑いには新たなエネルギーを生み出す力があります。大笑いする必要はありません。微笑もストレスの不愉快さを取り去る力を十分持っています。辛く悲しいときにこそ、小さな微笑を見つけて、笑ってみてはいかがでしょうか。
デール・カーネギーは名著『人を動かす』の中で、「魅力的な微笑みは、その人の人柄をつくりあげる最も素晴らしい要素である」と述べています。

Transactional Analysis

『人を動かす』

①誠実な関心を寄せる
相手の関心をひこうとするよりも、相手に純粋な関心を寄せること。人のために自分の時間と労力をささげ、思慮のある没我的な努力を行うこと。

②笑顔を忘れない
魅惑的な微笑みは、その人の人柄をつくり上げる最も素晴らしい要素です。

③名前を覚える
名前は当人にとって最も快い最も大切な響きをもつものです。

④聞き手にまわる
話し上手な人は聴き上手。話し相手は、あなたのことに対して持つ興味の百倍もの興味を、自分自身のことに対して持っている。

⑤関心のあり方を見抜く
相手が関心を持っているものを見抜いて話題にしよう。メモすることも忘れずに。

⑥心からほめる
人間性の根元をなすものは、他人に認められたいという願望です。自分の世界では自分が重要な存在だと感じたいのです。お世辞は聞きたくありませんが、心からの賞賛には飢えています。

(D,カーネギー；山口（訳）、1958)

『微笑み（ほほえみ）』

　微笑みは、お金を払う必要の無い安いものだが、相手にとっては非常に価値を持つものだ。

　微笑まれたものを豊かにしながら、微笑んだ人はなんにも失わない。

　フラッシュのように瞬間的に消えるが、記憶には永久に留まる。

　どんなにお金があっても、微笑み無しには貧しく、如何に貧しくても微笑みの功徳によって富んでいる。

　家庭には平安を産み出し、社会には善意を増し、二人の友の間には友情の合い言葉となる。

　疲れたものには休息に、失望する者には光になり、悲しむ者には太陽、様々な心配に対しては自然の解毒剤の役割を果たす。

　しかも、買うことの出来ないもの。頼んで得られないもの。借りられもしない代わりに、盗まれないもの。

　何故なら自然に現れ、与えられるまでは存在せず、値打ちも無いからだ。もし、あなたが誰かに期待した微笑みが得られなかったら、不愉快になる代わりに、むしろあなたの方から微笑んでご覧なさい。

　実際、微笑みを忘れた人ほど、それを必要としている人はいないんだから。

(畔柳、2006)

『いい顔をつくる顔訓十三箇条』

第1条　自分の顔を好きになろう
第2条　顔は見られることによって美しくなる（適度の刺激と緊張がいい顔をつくる）
第3条　顔はほめられることによって美しくなる
第4条　人と違う顔の特徴は自分の個性（チャームポイント）と思おう
第5条　コンプレックスは自分が気にしなければ他人も気づかない（自分が気にするからこそ不自由な顔になる）
第6条　眉間にしわを寄せると胃にも同じしわができる（ストレスは内臓と顔に直結）
第7条　目と眼の間を広げよう。そうすれば人生の視野も広がる（自分の世界だけに閉じこもるな）
第8条　口と歯をきれいにして心おきなく笑おう（破顔大笑が最高のストレス解消策）
第9条　左右対称の表情づくりを心がけよう（無理なつくり笑いは顔がゆがんで不自然）
第10条　美しいしわを人生の誇りとしよう
第11条　人生の3分の1は眠り。寝る前にいい顔をしよう（悩みは不眠のもと）
第12条　楽しい顔をしていると心も楽しくなる
第13条　いい顔、悪い顔は人から人へと伝染する（社長の顔つき一つで会社の雰囲気は変わる）

顔は他人とのかかわりの中で、意識して磨いていくもの！

原島 博（日本顔学会）

Transactional Analysis

📖 ワーク❻ ストローク経済の法則の打開策

✏️ ワークのねらい

　クロード・スタイナー博士が提唱する「ストローク経済の法則」を打開する策を習得することで、いきづまった人間関係を打開します。さらに、人間関係をより良くすることを目的とします。

✏️ 進め方

　注）このワークは、「ストロークのブレーキ・チェックリスト」で自己チェック⇒「ストローク経済の法則」の解説⇒ワークシート「ストローク経済の法則の打開策」の記入⇒ふりかえり＆シェアを繰り返しながら、〔打開策5〕まで進めます。

　精神分析医であり、TA研究の第一人者に数えられるアメリカのクロード・スタイナー博士は、ストロークに関してある法則をみつけました。その法則とは、「肯定的ストロークの貯蓄に富む人はますます富み、それが貧しい人はますます貧しくなる」というもので、経済の法則に似ていることから、「ストローク経済の法則」と名づけました。
　この「ストローク経済の法則」は、経済の法則と同様、決してよいことではありません。ですから、いきづまった人間関係の打開策として、まずこの「ストローク経済の法則」を打ち破っていくことが大切です。
　では、具体的にどうしたらよいのでしょうか。
　①打開策を紹介する前に「ストロークのブレーキ・チェックリスト」で自己チェックをしてみます。

〔打開策1〕**与えるべきストロークがあれば、積極的に与えよう**
「やあ、忙しい中、ごくろうさん」
「大雨の中をたいへんだったね、おつかれさま」
　外出から帰って来た部下に、営業先から帰社した同僚に、このような言葉をかければ、彼らの疲れも半減します。
　「とてもよいお話をうかがいました」こう言われて悪い気がする人はいません。周囲の人にこのように気軽に声をかけられる人は、たえず積極的に肯定的なストロークを与えることができます。ところが、残念ながら、人の労をねぎらったり、ほめたりできない人がいます。

恥ずかしい、ほめたら相手がつけ上がる、甘やかす必要などない…そういう考えでは、対人関係を好転させることはできません。自分の周囲の人に関心を持ち、どんどん肯定的なストロークを与えるようにしましょう。

「わたしは滅多に人をほめない方針だ」とか、「言わなくともわかっているだろう」といった考えの持ち主は、この際に、思いきってストロークパターンを変えてみましょう。

② 「さて、みなさんが自己チェックなさった『A 必要なときに、プラスのストローク を与えるのを抑止してしまう度合い』の結果はいかがでしたか？ お近くの方と見比べながら感想を述べ合ってください」と伝え、少しの時間をとります。
③ 「さて、あなたは職場や家庭でどのようなストロークを与えていますか？」と問いかけ、ワークシート「ストローク経済の法則の打開策」の最上段〔打開策1〕への記入を促します。

〔打開策2〕欲しいストロークは遠慮せず相手に要求しよう

　日本では「謙譲の美徳」があり、手柄や成果を人に譲ることがよしとされていました。また、ほめられても、謙遜しないと謙虚さが足りないと思われたりするものです。確かに、日本の社会は目立ちたがりやのスタンドプレーを嫌いますが、自分を犠牲にしてまで我慢を重ねると、欲求不満になって、精神的バランスを保てなくなることもあります。欲しくても、それを求めることははしたないことだと考えがちですが、求めないで、相手が期待に応えないと恨むのはもっと不健康なことです。

　認めてもらいたいこと、ほめてもらいたいことがあれば、「課長、先日のプランは、僕としては自信があるんですけど、どう思われますか」などと、積極的に相手の評価を引き出すことも時には必要です。

　身近な人の名前をリストアップし、その人から欲しいストロークを紙に書き出すのもよいでしょう。

　例：「来週の火曜日は私たちの結婚記念日ね」
　　　「このネクタイ似合うだろう」

　さあ、欲しいストロークをリストアップしてみましょう。

④ 「さて、みなさんが自己チェックなさった『B 必要なときに、プラスのストロークを要求するのを抑止してしまう度合い』の結果はいかがでしたでしょうか？ お近くの方と見比べながら、ふりかえってください」と伝え、少しの時間をとります。
⑤ 「あなたの欲しいストロークをリストアップしてみましょう」と述べ、ワークシート「ストローク経済の法則の打開策」の〔打開策2〕への記入を促します。

Transactional Analysis

〔打開策3〕欲しいストロークは素直に受け取ろう

「優秀な君のことだから、僕も安心して仕事を任せられるよ」と上司に言われて喜ばない人はいないでしょう。「そう言っていただけると感激です。とてもうれしいです！」と答えればいいものを、中には「とんでもありません。ボクにはそんな力はありません」とか「それは課長の買いかぶりですよ」「○○さんと比べたら、まだまだです」などと言い、せっかくの肯定的ストロークを打ち消してしまう人がいます。

そんな受け取られ方をすると、ほめた人は気分を害して、ストロークを与えようという気がなくなることでしょう。

私たちは誰でも肯定的ストロークを本能的に求めています。その本能に従って、自分が欲しいストロークをもらったときは、素直に受け取って、その喜びを表現することが大切です。

身近な人から与えられた肯定的ストロークを思い出してください。あなたはその肯定的ストロークを素直に受け取っていますか？　ほめられがいのある人になることは、あなたのモチベーションの維持向上に欠かすことができません。

ほめられるということは、相手からプレゼントをもらうようなものです。「これにしようか、あれにしようか」と相手のことを思い浮かべながら選んだプレゼントのように、『ほめる』ということも相手のことを考えているからこそ発せられる言葉のプレゼントなのです。せっかく選んでくれた贈り物を突き返されるのは悲しいことです。

⑥「さて、みなさんが自己チェックなさった『Cほしいプラスのストロークを受けるのを自分自身で抑えてしまう度合い』の結果はいかがでしたでしょうか？　お近くの方とふりかえってください」と伝え、少しの時間をとります。

⑦「今まで身近な人びとから与えられた肯定的ストロークを思い出してください。卑下したりするのをやめて、「ありがとう」、「そうおっしゃっていただくとうれしいです」、「あなたからそう言われると元気が出ます」などと受け入れて、よい気持ちになってみましょう。さぁ、どのように受け取りますか？」と問いかけ、ワークシート「ストローク経済の法則の打開策」の〔打開策3〕への記入を促します。

〔打開策4〕欲しくないストロークはそれを拒否しよう

「君のお祖父さんは、この会社の重役だったんだってね。お祖父さん譲りなんだなぁ」そう言われても、本人は少しもうれしくありません。「祖父の七光」でなく、自分の実力で勝負しようと思っているからです。このような場合は、あいまいな返事で済まさずに「それは僕には関係ないことです」と、冷静に受けとめ拒否することが必要です。

仕事に励もうと思っている女性が、「君は美人だから得だね」などと言われたら、「ありがとうございます。でも、仕事上では容姿は関係ありませんから…」と適当にあしらうこと

も大切だったりします。

⑧「さあ、欲しくないストロークを拒否する方法を整理しておきましょう。これまでに身近な人びとから、何か言われてイヤな気持ちになった体験を想い起こしてください。思い出せたら、グループで事例を語り合ってみましょう」と、〔打開策4〕はグループで対話をすることを促します。

⑨会話の途中、「こうした否定的ストロークには、こちらを落とし入れようという意図（後述の心理的ゲーム）が隠れていますから、冷静に受け止めることが肝腎です」などと、大切なポイントを投げかけます。

⑩会話を終えた後、ワークシート「ストローク経済の法則」の〔打開策4〕に書き込むことを促します。

〔打開策5〕自分自身にストロークを与えよう

「今日はこんなに頑張ったんだぞ、われながらたいしたものだ」「このペースでいけば、目標を達成して、おつりまでくるぞ。よ～し！」などと、他人からのストロークばかりでなく、自分自身でストロークを与えることも必要です。自分で自分を認めないことには、本当の意味での自信は生まれません。

一方、自己卑下をする人も少なくありません。「俺ってなんてダメなんだろう」「俺は何をやっても冴えない」などと自分に言い聞かせて、自分の価値を認めようとせず、自分で自分をみじめな方向へ追い込んでいきます。

積極的に生きようとする人は、まず、自分で自分に肯定的にストロークを与えることが必要です。自分が自分を認めなければ、どうして他人がそのようなあなたを認めたいと思うでしょうか。

何かで失敗したとき「あのときには上手にやれたじゃないか、次は大丈夫！」と自分を励ましましょう。

　例：以前から欲しかったネックレスを自分にプレゼントする
　　　家族と旅行に出かける　…など、モノや機会を自分にプレゼントする場合もあれば
　　　「俺ってなかなかイカシテルゼ」と、自分の能力やセンスにストロークをプレゼント
　　　することもできます。

⑪「さて、あなたは、どのようなストロークを自分自身にプレゼントしますか？」と問いかけ、最後の欄〔打開策5〕の記入を促します。

Transactional Analysis

📝 ふりかえり&ポイント

①〔打開策1〕を書き終えたら、ペアやグループで分かち合います。自分にないアイデアは積極的に頂戴することをおすすめします。

　上司、同僚、部下、妻（夫）など、身近な人を選び、身体、言葉、非言語の3つの種類のストロークを与える具体的なプランを立てることをおすすめします。例えば、上司に対して、明るい声で、「おはようございます」とか、「はい、わかりました」と挨拶や返事をする。奥さんに対して、「その服よく似合ってるよ」とか「今日の料理はおいしいね」という具合です。非言語的なストロークの例としては、子どもと一緒に遊ぶ、同僚の話を聴いてあげる、妻（夫）に小さなプレゼントをする、などが挙げられます。

　もし、グループが構成できれば、ペアを組んで、交互に上司になったり部下になったりしながら、与えたいストロークの練習をするのもよいでしょう。こうした役割演技のほかに、グループの一人ひとりに、その人に与えたいストロークを与えながら一巡りする方法もあります。

『ある中学校での出来事』

　ある中学校で夏休み中に、大規模な外壁の塗装工事をすることになりました。規模が大きい学校なので、夏休み中に工事が終わるかどうか危ぶまれましたが、夏休みの最終日に完了したのだそうです。

　そこで、校長が業者の方に、「夏休み中に終えていただいてありがとうございます」とお礼を言うと、次のようなうれしい言葉が返ってきました。

　　工事が夏休み中に完了できたのは、
　①雨が降らなかったから。
　②学校が、朝7時半から夕方5時まで作業したいとの申し出を受け入れ、門の開閉に協力してくれたから。
　③そして何より、子どもたちや職員の方たちが、言葉がけをしてくれたから。
　　子どもたちが、作業をしているわたしたちに、「おはようございます」「こんにちは」と口々にあいさつし、それに照れくさそうに、でもうれしそうに反応し、それで、「よ〜し！」といって、作業に集中できた。

第 2 章　ストローク－風通しの良い職場づくり－

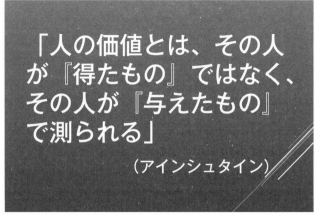

（J.メイヤー・J.ホームズ（編）、1997）

② 〔打開策2〕を書き終えたら、ペアやグループで分かち合います。

〔ワーク〕ストロークのおねだり

　私たちは、「欲しくても、それを求めるのははしたないことだ」と考えますが、求めないで、相手が期待に応えないと恨むのは、もっと不健康なことではないでしょうか。
　求めて断られるのを恐れたり、求めるのを遠慮したりするのは、幼時から身についた古い感情生活の習性です。女性であれば、夫の無関心を嘆いてばかりいないで、「どう、この服似合うかしら」とか、「来週の水曜日は私たちの結婚記念日ね」と、ひとこと発言するようにします。
　筆者はここで、以下のワークを取り入れることがあります。
　ワークシート「ストロークのおねだり」を配布しながら、「あなたのもっとも大切な人から、あなたへの賛辞が贈られるとしたら、あなたはどのような内容の賛辞を贈られたいでしょうか？　箇条書きでなく、口語体で記入してください」と促します。
　（注）罫線に名前を記載します。
　書き終えたら、グループの中で対象者に近い人を選び、それぞれ予行演習をします。相手に選ばれたメンバーは、その人になりきって、ストロークをプレゼントします。

③ 〔打開策3〕を書き終えたら、ペアやグループで分かち合います。
　肯定的ストロークを受け取らない、あなたの癖に気づきましょう。たとえば、「なかなかいいネクタイですね」とほめられると、「いいえ、たまたまバーゲンで安く手に入ったものです」などと答えませんか。「よくできましたね」と言われると、すぐに、「いいえ、運がよかっただけです」とか、「いつもは、こううまくできないんです」と弁解するのも、この類です。
　たしかに、日本社会では、本心を隠してヒミツにしておくことが奥ゆかしいと考える風潮がありますが、健全な人はしっかりとストロークをキャッチしているものです。

Transactional Analysis

　グループで練習する場合は、グループの真中に立って、各メンバーから、自分についての肯定的ストロークをもらいます。ストロークがうまく受け取れたら、拍手や喝采をするとよいでしょう。

　④〔打開策４〕を整理したら、以下のコメントを述べます。
　あくまでも中立的な立場を守り、静かに事実を確かめるようにしてみます。たとえば、次のような応答はいかがでしょう。
　「君にはそう見えるんだね」「あなたはそう思うのね」「なるほど、そうかもしれない。じゃ、どこがおかしいのかな」「あなたにはそう映るんですね。では、私はどうすればいいのかな」
　否定的ストロークがきたとき、それをまともに受けて、売り言葉に買い言葉といった喧嘩（ゲーム）をしたり、ぐっとこらえて怒りを溜め込むことは望ましくありません。
　がまんをしても、その怒りのマグマがなくなることはありません。何かの折にたまったマグマが噴き出したり、立場の弱い人に怒りを吐き出すことになり、あなたの周囲のメンタル環境が悪化してしまいます。

　⑤〔打開策５〕が書き上がったら、メモをメンバーに渡して、読んでもらうのもよいでしょう。そして、「その通りだ！」と受け入れて、よい気分になります。

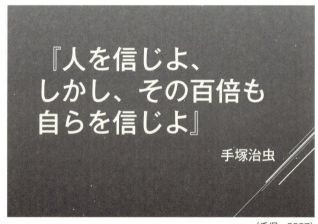

（手塚、2007）

　こころが豊かであること。こころが豊かになれば、少しのものでたくさん満足でき、多くを求めません。いまある現状が幸せに見えてきます。こころに余裕ができると、他の人の幸せも祈れます。他の人のことも考えることができます。
　逆にこころが豊かではないと、人の不幸を見たがります。自分よりひどい人を探します。ストローク経済の法則を打開し、こころ豊かに過ごしましょう。
　「人間の行うことはすべて、幸福になるのが目的である」（アリストテレス）

〔エクササイズ〕自分が自分に与えるストローク

以下に「自分が自分に与えるストローク」のいくつかをご紹介します。

(1) 自分のからだをいたわるストローク

　私たちは、自分のからだを大事にしないで生きていることが多く、それに気がついていない人が少なくありません。暴飲暴食、偏食、過労、遊び過ぎ、睡眠不足、運動不足など、生活の習慣によって、健康を害したり、倦怠感、疲労感、やる気の喪失を招いているのならば、それにまず気づくことが大切です。この"気づき"を深め、からだをいたわるエクササイズです。

①からだを自由に動かします。両腕を上げ、振りながら、からだを動かします。海中のワカメが波とともに動くように。2～3分繰り返します。
②からだのどこかが自由に動かなかったり、痛みを感じたところに気づいたら、立ったまま、両手でその場所を静かに撫でます。「大事にしなくてごめん」とこころのなかで謝りながら、そして、「大事、大事！」「大切、大切」などと言いながら、撫でてあげます。2～3分続けます。
③撫で終わったら、そこに愛情をこめて、2～3分手を当てます。
④温かみを感じます。大事にされ、愛されている感じに浸ります。

(2) マイナスのストロークを他人からもらったときのストローク

　欲しくなくても、人からマイナスのストロークをもらうことがよくあります。そんなときに、いつまでもいやな気分に浸ってないで、自分にストロークを与えることが必要です。

①熱めのシャワーを浴びます。「こんなモノ（いやな思いや気持ちのこと）いらない」と言いながら、肩から腕へ、胸の上からお腹の方へ、モモから脚の先へ、と手で洗い流すようにシャワーを浴びます。同じように顔に、背中にします。
②いやな思いや気持ちを洗い落としながら、こんどは、「いい子、いい子！」と手でからだを撫でながら、シャワーを浴びます。同じように、からだの上から下へと手を動かします。

(3) 自分のこころをいたわるストローク（Ⅰ）

　いやな思い、思い患いがあれば、それに気づき、同時に、それから解放されるためのエクササイズです。

①雑音や電話などに邪魔されないところで横たわります。明かりは暗い方がよいでしょう。目は軽く閉じます。両腕はからだの脇に、伸ばします。

②腹式呼吸をしばらくつづけます。2～3分で、こころが静まり、からだがリラックスしてきます。しかし、思い患うことがあると、そのことが頭に浮かんでくるでしょう。いやな状況やいやな人の顔が浮かんでくるかもしれません。無理に消そうとせず、自分のこころを見つめてください。どんな気持ち、どんな感じがするかにこころを集中してください。悲しみ、怒り、不安？

あなたのこころが悲しみ、怒り、不安を感じているのですから、そのこころの声に耳を傾けてください。あなたのこころが泣いている、怒っている、恐がっているのですから、そのこころを大事にしてあげてください。

しばらくすると、その感じや気持ちから解放されたい気持ちになるでしょう。そういう気持ちをいつまでも持ちつづけていると、あなたのこころを蝕んでしまうことに気づきます。

③あなたのこころにこころの耳を傾けてください。「どうしたいの？」と聴いてみましょう。そして、いやな気持ちから解放されたいというのなら、どうして欲しいのかを聞いてみます。どうしたら、やすらぎが与えられるのかを尋ねます。

④ヒントを受けたのち、しばらくのあいだ、静かに横たわっています。市販されているヒーリング・ミュージックや環境ミュージックをバックに流しているとよいでしょう。

(4) 自分のこころをいたわるストローク（Ⅱ）

前述のエクササイズに続いてやってもよいでしょう。

①横たわり、腹式呼吸を2～3分続けます。ヒーリング・ミュージックをバックに流します。

②からだがリラックスし、こころがやすらいできます。どこか美しい自然の場所（かつて行ったところ、見たところ、行ってみたいところや、架空のところでもよい）に横たわっている自分をイメージします。五感を働かし、臨場感を感じます。

③暖かな太陽の日差しに、やわらかく包まれている自分をイメージします。太陽の日差しとともに、温かなエネルギーが、からだのなかに浸みとおり、からだのすみずみに、そしてこころのすみずみにまで行き渡っているのを感じます。顔や、手足も、こころのなかも温かくなってくるのを感じます。そして、そのエネルギーが、悲しみや怒り、憎しみ、怨みなどの思いをからだから外に放出し、かわりに思い患うこころをやすらかにし、傷ついたところを癒しているのを感じます。と同時に、優しい思い、いたわりの思いがこころに満たされるのを感じます。

ワークシート

ストロークのブレーキ・チェックリスト

次の文章を読んで、自分にまったく当てはまらない場合には0に、たまにそういうことがある場合には1に、時々そういうことがある場合には2に、しばしばそういうことがある場合には3に、○印をつけて下さい。

A　必要なときに、プラスのストロークを与えるのを抑止してしまう度合い

①職場の同僚や後輩が特によい仕事をしているのを見て、一言ほめるのが当然だと思うが、つい口には出さないで過ぎてしまう。	0 - 1 - 2 - 3
②職場の上司や先輩に世話になって、こちらから感謝の言葉を述べに行きたいが、なんとなくゴマをするようで躊躇してしまう。	0 - 1 - 2 - 3
③部下や後輩がほめるに値する仕事をした場合でも、ほめるといい気になるのではないかと考え、なかなかほめ言葉を口に出さない。	0 - 1 - 2 - 3
④他人をほめたり、他人に礼を言う場合、なんとなく実感が伴わず、形式的にやっていると感じる。	0 - 1 - 2 - 3
⑤家族（妻や夫、あるいは子ども）が、ほめてもらいたそうな顔をすると、ほめたくなくなる。	0 - 1 - 2 - 3

B　必要なときに、プラスのストロークを要求するのを抑止してしまう度合い

①職場で思いがけず苦境に立たされた場合、同僚や先輩などに打ち明け話をして荷を軽くしたいと思っても、ついひとりで耐えてしまう。	0 - 1 - 2 - 3
②職場で自分のしたことが正当に評価されないとき、自己主張すべきだと思っても、はしたないという思いで止めてしまう。	0 - 1 - 2 - 3
③家族に対して、特別の好意を示したのに感謝の表現がない場合、こちらからは何も要求しない。	0 - 1 - 2 - 3
④当然喜んでもらっていいような個人的な成功や喜ばしい出来事でも同僚や友人には話さない。	0 - 1 - 2 - 3
⑤仕事の上での成功、喜ばしい出来事は家庭にはあまり話さない。	0 - 1 - 2 - 3

Transactional Analysis

C ほしいプラスのストロークを受けるのを自分自身で抑えてしまう度合い

①職場で上司や先輩にほめられ、内心、心のどこかで喜んでいるのに、素直に受け止められない。そっけない態度でかえしたり、自己否定してしまう。	0 - 1 - 2 - 3
②職場であなたに世話になった人から礼を言われた場合、照れくさくて心の底では喜んでいるのに自分のしたことを軽視したり、ごく形式的な返答でごまかしてしまう。	0 - 1 - 2 - 3
③個人的な成功、昇進、困難な仕事などの完成などを祝福されて、内心うれしいのに素直に受け取らない。ごく形式的な自己否定的な返答をしてしまう。	0 - 1 - 2 - 3
④他人からほめられたり、感謝されたとき、なんとなく照れくさく、素直に受け取れない。	0 - 1 - 2 - 3
⑤家族にほめられたり、愛情表現されたりすると、うれしさと同時に照れくささを感じる。	0 - 1 - 2 - 3

採点のしかた

A、B、C のグループ毎に得点を合計し、次の棒グラフに表して下さい。一般的に得点が少なければ少ないほど自由で健康的です。

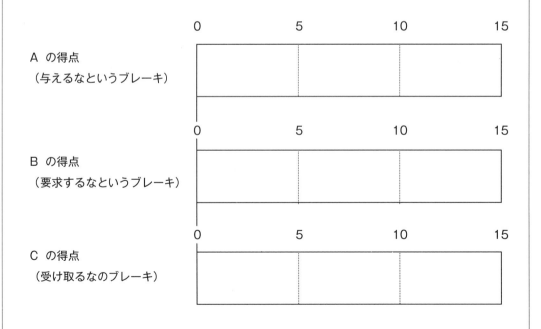

（国谷、1989 より作成）

ワークシート

ストローク経済の法則の打開策

〔打開策1〕与えるべきストロークがあれば、積極的に与えよう

〔打開策2〕欲しいストロークは遠慮せず相手に要求しよう

〔打開策3〕欲しいストロークは素直に受け取ろう

〔打開策4〕欲しくないストロークはそれを拒否しよう

〔打開策5〕自分自身にストロークを与えよう

Transactional Analysis

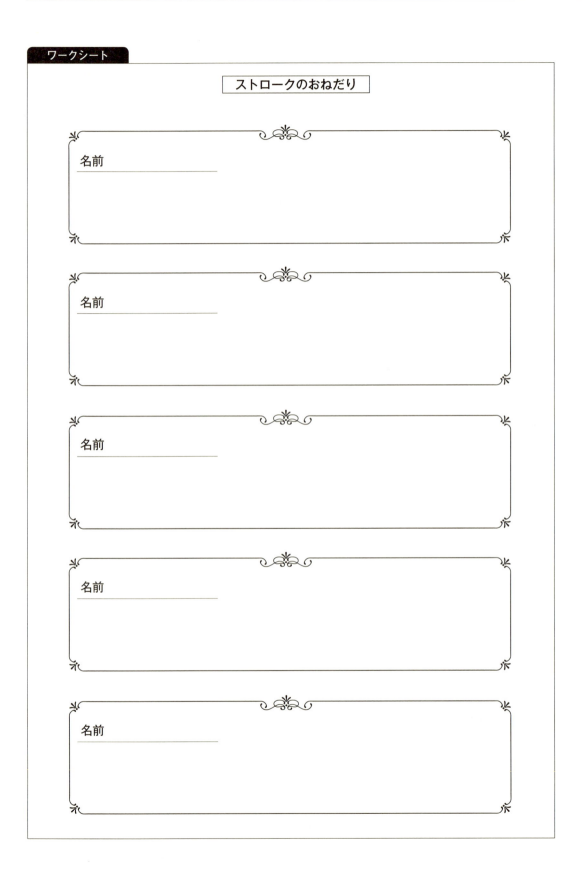

ワーク❼ 風通しの良い職場づくりに向けて

ワークのねらい

　ストロークは、風通しの良い職場づくりには絶大な効果を発揮してくれます。風通しの良い職場では、メンタルヘルス不調者が生じにくく、予防のための土台づくりとなります。そのため、ストロークを単にうれしい、心地よいといったレベルに終わらせず、行動へ結びつける仕掛けが求められます。

進め方

　ここでは、2種類のワークシートをご紹介します。ワークシート「魅力ある職場をつくろう」は、先の「ストローク・バンク」の変形バージョンです。問1～問6までを整理し直し、問7でアクションプランを描きます。ここでは、ワークシート「職場の活性化へ向けて」を取り上げます。
①ワークシート「職場の活性化へ向けて」は、風通しの良い職場とはどのような職場で、どのようなメリットを享受できるか、絵や文書にまとめます。
　（注）この段階で、グループで見せ合い、語り合う時間を設けます。
　（注）筆者はときおり画用紙とクレヨンなどを準備して、画用紙の左に「これまでの職場」、右に「これからの職場」をそれぞれイメージして、絵で表現していただきます。絵にすることで記憶に残りやすく、継続力に期待できます。
②問い「2．職場で…」は現状を見つめ、「3．ストローク実践計画」で具体的なアクションを描きます。

ふりかえり&ポイント

　記入を終えたら、グループ内で自己宣言し、拍手というストロークをもって激励します。

　業績の良いリーダーは業績の劣るリーダーに比べ、メンバーと交流し、親しくなることを望んでいます。最近の調査によると、こうしたリーダーは出世する確率が高いだけではなく、身体的にも健康な状態にあり、メンバーの健康を促進する確率が高いこともわかっています。

Transactional Analysis

　『愛は寿命をのばす』において、著者のディーン・オーニッシュは、「自分を愛し、育み、気にかけ、支えてくれる親しい人々がいる場合、その人が幸福を感じ、健康を維持する確率は極めて高い。病気になるリスクははるかに低く、病気になっても回復する可能性が高い」、さらに、親密な関係にある人や世話をしてくれる人、必要なときに頼りにできる人がだれもいない場合、「早死にやさまざまな病気にかかる可能性は3倍から4倍になる」と述べています。(D, オーニッシュ；吉田（訳）、1999)

　他人との関係が密で、協力的で、愛情に満ちたものであるほど、私たちの免疫システムは健全に働き、病気への抵抗力が高まるのです。だからこそ、リーダーはメンバーをまとめ、ソーシャルサポート（周囲の人々によりお互い好影響を与え健康増進につながり得る環境）を提供することによって、健康な生活という価値ある贈り物をメンバーに与えることができます。

　つまり、ソーシャルサポートが存在する職場環境を創り出すリーダーは、優れた業績を達成すると同時に、死と病の削減に貢献していると言っても過言ではないのです。

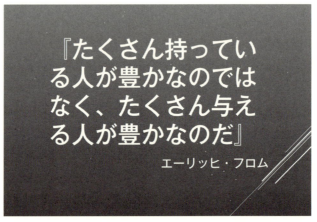

(E, フロム；鈴木（訳）、1991)

ワークシート

職場の活性化へ向けて

１．風通しの良い職場とは

２．職場で…

うまくいっている人間関係の中で		うまくいっていない人間関係の中で	
わたし →相手	相手→ わたし	わたし →相手	相手→ わたし

３．ストローク実践計画
   ● 誰に、どんなストロークをプレゼントしていきますか

Transactional Analysis

ワークシート

魅力ある職場をつくろう

1．職場の人たちに、どのようなマイナスストロークやディスカウントをもらっていますか？	2．職場の人たちに、どのようなマイナスストロークやディスカウントを与えていますか？

3．職場の人たちから、どのようなプラスストロークをもらっていますか？	4．職場の人たちに、どのようなプラスストロークを与えていますか？

5．職場の人たちにストロークを与えるとしたら、どのようなストロークをどのように与えますか？	6．そうすると、職場の人たちからストロークは返ってくると思いますか？　それはどのようなストロークでしょうか？

7．職場の人たちからストロークが返ってきたとき、あなたと職場の人たちの関係はどのように変化しているでしょうか？　あなたにとって職場の様子はどうなると思いますか？　そのために、あなたはどのようなことに取り組みますか？

ワーク❽　叱れるリーダーになる

ワークのねらい

①最近は、パワハラを恐れて、叱ることができないリーダーが増えたと耳にすることがあります。また、部下の機嫌を取り、表面的なやさしさを繕うリーダーも増えているように思われます。このワークでは、否定的ストロークの意味や価値を理解するとともに、具体的な注意・叱責のヒントを獲得します。
②リーダーが臆することなく、注意や叱責を与えられるよう動機づけます。

進め方

6名ほどのグループの中央に模造紙と水性マジック数本を準備しておきます。
①ワークシート「叱れるリーダーになる」を配布し、問1「あなたは、どのようなことを考えながら叱るように努めていますか。叱るという否定的ストロークは、どのような価値があると思いますか」という問いに対し、個人で整理します。
②その後、グループで、これまで、自身が叱られた経験談なども踏まえながら、語り合い、各自ポイントを模造紙に自由に書きます。絵などでも可です。
③ひとりだけグループに残し、他のメンバーはそれぞれのグループへ散らばります。そこで、もともとのグループのメンバーから、どのような会話がなされたかを語り、その後、各グループから集まったメンバーが自グループでの会話を語ります。その際、①と同じように模造紙に自由にポイントを書きます。
④はじめのグループに戻り、問2「今後どのように叱りますか、その考えや決意を書いてください」。問3「あなたはいままで叱ったあと、どのような努力をしていましたか」という問いに対し、個人で整理します。（以後、同じ進め方です）
⑤その後、グループで、問3について語り合いながら、各自ポイントを新しい模造紙に自由に書きます。絵などでも可です。
⑥ひとりだけグループに残し、他のメンバーはそれぞれのグループへ散らばります。そこで、もともとのグループのメンバーから、どのような会話がなされたかを語り、その後、各グループから集まったメンバーが自グループでの会話を語ります。その際、①や⑤と同じように模造紙に自由にポイントを書きます。
⑦はじめのグループに戻り、問4「今後はどのようにしたいと思っていますか」という欄に各自整理します。

Transactional Analysis

✎ ふりかえり&ポイント

　進め方①〜⑦までを終えたら、グループで気づいたこと、学んだことを分かち合います。

　パワハラとは、「権力をつかったいじめ、嫌がらせで、継続的に人格と尊厳を傷つける言動を行い、就労者の働く環境を悪化させたり、雇用不安を与えること」ですから、まさにディスカウントに該当します。
　筆者は、肯定的ストロークだけが組織の活性化に役立つとは考えていません。だからこそ、67ページの図では、叱る、注意する、忠告する、反対するなどの否定的ストロークも太枠で重要なものとして表示しています。

ワークシート

叱れるリーダーになる

1．あなたは、どのようなことを考えながら叱るように努めていますか。
　叱るという否定的ストロークは、どのような価値があると思いますか。

2．今後どのように叱りますか、その考えや決意を書いてください。

3．あなたはいままで叱ったあと、どのような努力をしていましたか。

4．今後はどのようにしたいと思っていますか。

Transactional Analysis

叱ることが効果を発揮するための大前提

　筆者は叱る行為にテクニックを用いることにはあまり賛成しません。それよりも、あらかじめ、日頃から、叱ることが効果を発揮するための土壌をつくっておくことが大切だと考えています。ときおり、「感情的に叱るのではなく冷静になって」などのコメントが掲載されていますが、感情的に叱るということは、別の見方をすると叱るべきときに叱ったということでもあり、問題はないように思うのです。むしろ、日頃からの関係性をどう築いておくか、大前提に大きなウエートが置かれていると思います。

（1）信頼関係の基盤の上に叱る

　日頃からネチネチと嫌味や小言ばかりもらっている部下が、リーダーから叱られた際、素直に受けとめることは可能でしょうか？　たいていは、「うるせぇなぁ、また小言かよ！」などと受けとめるのが実情です。叱るということが効果を発揮するためには、部下にとって日頃から、肯定的なストロークをもらっている環境があることです。

　やさしいばかりでは、部下は甘やかされて成長しませんが、厳しいばかりでも萎縮してしまい、のびのびと自主性を発揮する姿勢が生まれてきません。

　松下幸之助氏と仕事をともにしてきた後藤清一氏が、自らの著『叱り叱られの記』（日本実業出版社、1987年）のなかで、幸之助流の叱り方を述べています。

　あるとき、後藤さんのプロジェクトが大きなミスをしてしまいました。そこへ飛んで来た幸之助さんは、リーダー格の後藤さんを捕まえて次のように言ったそうです。

　「後藤ともあろう者が、なんでまたこんなことをしたんや！」

　この言葉のなかの“とも”という言い方に相手への信頼が感じられます。

　叱り方の原則はタイミングをのがさず、しかも、自分の本心をもその場で伝えることです。こんな心憎い叱り方をされたら、部下として意気に感じることでしょう。これこそ叱り方の手本であり、次への飛躍が期待できます。

　幸之助氏は、「叱る場合にはまず、2つくらいほめよ」と言っています。2つほめて1つ叱れ、というのです。叱るという行為が相手の自尊心を間引くものなので、それを少しでも柔らげようという配慮から出た言葉だそうです。

> もはや組織は、権力に
> よっては成立しない。
> 信頼によって成立する。
> 信頼とは好き嫌いでは
> ない。相互理解である。
> 　　　　　P．ドラッカー

(P,ドラッカー；上田（訳）、1999)

(2) コミュニケーションの決定権は受け手にある

　コミュニケーションの決定権は常に受け手が担っています。リーダーが「叱った」と思っていたとしても、部下が、「嫌味」「小言」などのディスカウントとして受けとめたとすると、リーダーの叱った行為は、否定的なストロークではなく、ディスカウント（値引き）になります。

　これでは叱る目的が果たせたとはいえません。叱る際は、相手にどのように伝わったのか、部下のキャッチの瞬間を確認することです。

　その上で、納得していないようであれば、事実を丁寧に補足したり、リーダーとしての想いを語ることで意図を確認するなど、最後まで見届けることが大切です。

(3) 否定的ストロークで動機づける

　日本経済新聞の『社長の履歴書』を読んでいると、よく叱られたことでいまの地位があるとコメントしている経営者が多いことに驚かされます。「入社して3年目の頃、大きな失敗をし、そのときの先輩から、『次からは、○○について気をつけろ！』と、烈火のごとく叱られました。その叱られたことを肝に銘じて仕事に取り組んだせいか、いまのポジションがあるように思います」と。

　私憤や感情で叱ったのであれば、必ず部下も感じとります。世の中には多くの職場があるのに、よくぞこの職場にきてくれた、何とかこの部下を一人前にしたい…といった部下への限りない愛情は、言葉に、語調に、表情に、態度に出るものです。部下を思うこころ、善意や思いやりが、叱られる側のこころを温かく包み込むのでしょう。だからこそ、部下も素直に受けとれ、糧とできるのでしょう。

（4）大きな失敗は叱らない

　大きな失敗というものは、当然、本人も十分に考え、一所懸命にやった上でするものです。それに対して、小さな失敗や過ちは、おおむね本人も気がつかない場合が多いものです。だからこそ、それだけに叱る必要があります。

　失敗そのものよりも、失敗からリカバリーの努力をしないことを叱る必要があります。失敗をどう挽回するか、その信用回復の努力を怠った怠惰、手抜き、同じ失敗の繰り返しなどは、能力の問題ではなく、やる気の問題だからです。

　問題が小さければ相手に大きな後遺症は残りません。この段階でしっかり叱っておけば、大きなミスをすることもありません。

（5）正々堂々と叱る

　愛情の反対は何でしょうか？　憎しみ、恨み、怒り…。

　愛情の反対は無視、無関心ですから、愛情は関心を持つことと言い換えることができます。叱るという行為も関心がなければできません。相手の成長を真に願い、堂々と臆することなく叱ることです。

　この部下は絶対に良い方向へ変われるはずだという強い信念を持って、最後まで投げない覚悟で叱る。真剣な顔つきとこころの込もった言葉で、「俺は君の成長に期待してるんだ」という願いを込めて。

　部下の失敗や過失を堂々と指摘できるのは、強い正義感、勇気、誠実さの証明なのです。

（6）ほかのメンバーへの影響も考慮する

　上司が部下を叱る目的は、問題行動を改善させるためです。他の部下たちの前で叱ることは、お互いが信頼をもって、失敗は失敗として認め、次のステップへの肥やしとできるような組織風土が育まれていなければ逆効果です。叱られた人のプライドは傷つき、仕事の改善に焦点を合わせることができず、自分の尊厳を維持するだけで精一杯になってしまいます。また周囲の人も、あんなふうに叱られたくないという思いにとらわれて、積極的に仕事にチャレンジする意欲が削がれてしまいます。

叱った後のフォローを欠かさない

　叱る方がどんなに努力したとしても、何らかの後味の悪さは残ります。叱られない方がいいに決まっています。ですから、叱りっぱなしになるよりも、こころのしこりをほぐすことも必要です。部下の心の居場所を創る意味でも事後の処理を忘らないことです。

(1) 痛みを癒す努力をする

「きのうは遅くまで、ご苦労さん」
「帰りが雨でたいへんだっただろう」
「今朝はえらく早いね」

それとなく声をかけて痛みを癒す努力をしたいものです。叱られた相手も、叱ったことにこだわっていないぞといった安心感をもつことができます。

(2) 自分がさっぱりすること

叱った側が、いつまでもしこりを残してしまう人がいます。自分から早くこだわりをなくしてさっぱりした気分になるよう努めなければなりません。

怒りの解消法を日頃から身につけておくことです。そして、叱った日には、意図的に解消に努めることです。

(3) 効果を見守ること

叱ってしまったらあとはどうなってもかまわないといった態度はたいへん投げやりで、叱った意味がありません。叱ったことを確実に改めているかどうか、気を配ることが大切です。

(4) タイミングよく繰り返すこと

もし、叱ったことがそのままで改められていない、修正されていないというのであれば、折をみて、やれるまで繰り返す必要があります。ただ、しつこくならないように、工夫と努力が必要です。中途半端な叱り方は、叱られた方に油断やスキを与えることになります。

(5) 挽回のチャンスを与えること

後輩や部下に、実力を発揮するチャンスを与えることは、最高のプレゼントです。失策や違反行為を補ってあまりあるだけの実力を発揮するチャンスを与えたら、彼らもまた意欲的になるでしょう。

Transactional Analysis

基本的な人生態度
－健全な対人関係－

基本的な人生態度

　私たちは、自分や他人、世の中の出来事に対して、一人ひとりがその人独特のものの見方や対応の仕方をしています。

　たとえば、あなたがトラブルにあったとき、自分を責めますか、相手を責めますか、あるいは、お互いさまと考えますか、それともあきらめますか。一番多く感じるのはどれですか？

　私たちがもつ人生観や価値観は、幼児期に親または親の役割をしてくれた人からの影響と、その後の人生経験の中で身につけたものが中心になります。

　TAでは、人生に対する姿勢を「人生態度」といい、「自分が自分に対して、どのような考え方をしているのか、また、他人に対してどのような態度をとっているのか」をいいます。この人生態度が、私たちの日々の生活、その集大成であるその人の一生に、はかり知れない影響を与えています。

　私たちは、自分の人生で重大な場面に直面したとき、たとえば、進学、就職、結婚、子育て、職場の仲間づくりなどに、人生態度がかかわってきます。

　具体的には自分自身が、自分または他人に対して、肯定的「OKである」と捉えるか、否定的「OKではない」と捉えるかによって、その人の人生が変わってきます。

OKとは

OKである	OKでない
安心感がある	安心できない
愛されている	愛されるに値しない
良い人間だ	みにくい
生きている価値がある	無知である
正しい	意地が悪い
できる	何をやってもダメ
役に立つ	劣る…など
優れている	
自己を実現している…など	

基本的な人生態度はこうしてつくられる

　私たちは、だれしもこの世に生まれてきたときは、両親や家族から期待され、望まれて、「わたしはOK」といういわば「王子さま」「お姫さま」として生まれてきます。そして成長する過程で、周囲の人たちと、いろいろな交流をはじめます。たいていの幼児にとって、おとなは自分の生命の維持者であり、その保護によって生きることができるため、幼児は周囲のおとなに対して劣等感を持ちはじめます。

　なんといっても、おとなは身長も高く、力もあります。それにくらべて自分は何もかも見劣りのする存在です。このあたりから「あなたはOKで、わたしはOKじゃない」という人生に対する1つの構えができます。そのうえ、両親から「おまえはダメな子！」「バカ者」などと言われると、この構えはますます強化されます。一度、こういう構えを決定してしまうと、その構えはかなり長く残り、その人の人生観に影響を与えます。しかし、子どもがあまりひどく痛めつけられたり、心理的に傷つけられたりすると、「わたしはOKじゃない」という気持ちの反動として、「わたしはOKで、あなたはOKじゃない」という自己防衛的な人生の基本的態度を持つようになります。

　また、両親から期待もされず、いつもジャマモノ扱いされていると、自分の人生に対して悲観的になり、自分は生きていてもどうしようもない、何もかもダメという心境になります。そして「わたしはOKじゃなくて、あなたもOKじゃない」という人生の態度を形成していくようになります。これに対して、自分自身も、相手も肯定的に受容できる大人の自我状態によってもたらされる人生態度が「わたしもOK、あなたもOK」というものです。これは健康な人生態度で、自発的で、寛容で、柔軟性があり、他の人たちと協力して生きていくことができます。

4つの心理的ポジションと基本的な態度

(1) 生産的なポジション ── わたしも OK ＆あなたも OK

このポジションは、4つの心理的ポジションの中で、最も建設的で生産的なものです。このポジションは、ある程度アダルトの介入を必要とします。これは全然傷つかないとか、怒らないということではなく、感情に圧倒されるのではなく、現実的に理解し、対処するためにアダルトを活用することができるということです。

「私もあなたも OK」という人は、他人に対して本来の関心を持っています。そして 援助をさしのべ、激励を与えることができ、他人の強さや能力に対して決して脅威を感じることなく、自分の弱点と強さを認め、受け入れることができます。このようなポジションにある人は、問題に対して、正当化したり偏見を持ったりすることをせず、現実的に取り扱うことができます。このような協働していく態度は、健全な管理をするうえで必要なことです。リーダーがこのポジションにいることを意識すれば、職場のメンタル環境も良くなるはずです。しかし、多くの人々は、このポジションを常に維持するのが難しいものです。

(2) 非生産的なポジション ── わたしは Not OK ＆あなたは OK

このポジションにある人は、自分について ── 価値のない、劣っている、不器用な、愚かな、不適切な ── などの OK でない概念を形成しがちです。また他人について ──優れている、賢い、利口な、敏捷な── など、OK であると断定してしまいがちです。

このポジションで多くの時間を費やしている人には、人生の問題は打ち勝つことのできないものに思えてしまいます。そのため、その人の能力をもってして十分にできる仕事の課題でも圧倒されてしまいます。そしていつでも、何でも失敗すると思い込んで、不注意な間違いや失策した仕事でその確信をますます強化してしまいます。このようなポジションにあるリーダーは、なかなか責任をとることが難しいでしょう。このような人は、他人や状況に対して効果的にはできないという不合理な確信をしてしまい、「回避する」傾向をもちます。

（3）非生産的ポジション ── わたしは OK ＆あなたは Not OK

他人について ── 怒り、疑惑、嫉妬、失望、軽蔑 ── などの気持ちを持つとき、「わたしは OK、あなたは Not OK」のポジションになりがちです。しかし、この時の「わたしは OK」の中にある気持ちは、〈わたしは OK ではない〉を隠しているのです。このようなとき、その人は OK でない感情の原因となっている問題に直面することはできず、またそのつもりもありません。たとえば、親から叱られた子どもは、今度は自分の弟や妹を叱ったり、ぶったりすることがよくあります。このような行動は、自分の傷を和らげるためと、親が子どもにしたように、自分が誰よりも優れていることを確かめるために行います。

このポジションの人は、批判的ペアレントから行動していて、他の人の間違いや失敗を非現実的に非難しがちです。そのため、この人はペアレントのメッセージを組み入れています。

もしこの人がアダルトで、このようなメッセージを正当に検討しなければ、ずっとそのメッセージで行動し続けることになります。たとえば、上司になると「部下よりも自分が優れている」と感じるべきだと断定しがちです。このような上司は、客観的に意思決定をするために障害となる偏見や批判をしがちになり、劣っていると考えられる人に不公平な偏った扱いをする傾向にあります。特にメンタルヘルスでは、パワハラなどに注意する必要があります。

（4）非生産的ポジション ── わたしも Not OK ＆あなたも Not OK

このポジションは最も非生産的なポジションです。これは子どもの自我状態の感情から生じるもので、わたしもあなたもその問題を解決することはできないし、どうしようもない「なにもかもダメ」と、仕事に対しても、人に対しても破壊的になる態度です。たとえば、職場で部下を怒って備品を壊してしまい、あとで興奮した自分に腹を立てて自分を痛めつけるようなリーダーはこのポジションにあたります。

ふつうこのポジションは、たまたま「運の悪い日」にのみ経験するもので、このポジションばかりを持つ人は稀です。

Transactional Analysis

生産的ポジションへの変革

　私たちの生産的ポジションへの変革は、第一に、アダルトを働かせて、3つのOKでないポジションのどれもが費やしている時間を最小限にする方法を学ぶことです。

　第二に、自分自身にストロークを与えることを学習し、「わたしはOKでない」感情を軽減することです。

　第三に、「あなたはOK」ポジションから、他の人にストロークを与える方法を学習することです。「わたしもあなたもOK」ポジションから、私たちが対人関係をもつとき、私たちのやりとりは生産的なものとなります。

　そして第四に、基本的には、私たちの心理的ポジションがどのようにして、なぜ形成されているのかを理解することは、生産的なポジションへの変革に大いに役立ちます。

I'm OK & You're OK

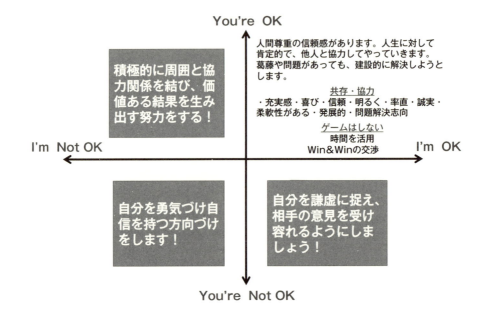

健全な対人関係とマネジメント・スタイル

4つの心理的ポジションにおけるタイプと特徴

ＴＡのＯＫ図表

相手の人をイイなぁと感じている度合
相手の人を正しいと思っている度合

Ｕ＋

[Ⅱ] Ｉ－Ｕ＋　そこから逃げてゆく
　　　　　　　　ポジション

消極的、回避的・劣等感をもっている人。責任回避、自分に自信をもっていない人。

[感情]
　不安、罪悪感（恥、悔）憂鬱
　悲しみ、怖れ、劣等感

[時間の使い方]
　時間に追われる

[Ⅰ] Ｉ＋Ｕ＋　健全なポジション

健康な人、建設的、発展的
協働的、寛容的、信頼、自己実現

[感情]
　喜び、充実感

[時間の使い方]
　時間を活用

自分をいつも間違っていると思う度合
自分をダメ・イヤダなぁと感じている度合

Ｉ－　　　　　　　　　　　　　　　　　　　　　**Ｉ＋**

自分をいつも正しいと思う度合
自分をイイなぁと感じている度合

[Ⅳ] Ｉ－Ｕ－　どうしようもない
　　　　　　　　ポジション

ある価値を失ってしまった人。
あきらめ、
無気力

[感情]
　無感情

[時間の使い方]
　無為に時間が過ぎ去る

[Ⅲ] Ｉ＋Ｕ－　相手をやっつける
　　　　　　　　ポジション
　　　　　　　相手を排除するポジション

独裁的、ワンマン的、
ひとりよがりの人
偏見の強い人

[感情]
　怒り、イライラ、焦り

[時間の使い方]
　時間をつぶす

Ｕ－

相手の人をダメ・イヤダなぁと感じている度合
相手の人を間違っていると思う度合

Transactional Analysis

人生態度と行動の側面リスト

	わたしも あなたも OK	わたしは Not OK あなたは OK	わたしは OK あなたは Not OK	わたしも あなたも Not OK
自分との かかわり	自己を尊重し、自らを大切にする	自分に自信が持てず、無能だと思っている	他人に真に受け入れてもらった経験がない	この世に存在する権利はないと思う
他人との かかわり	仲よく一緒にやっていく	他人から逃げる	他の人を支配する、責める、罰する、追い出す／人を近づけない	他の人を信じない／他の人にかみつく
怒りの感情	怒るのが当然の怒りを持つ自由さがある	欲求不満の怒りをいだく／怒りを内にためる	遺恨の怒りをいだく	反抗の怒りをいだく 体制・世間への怒りをいだく／希望なき世界への怒りをいだく
恐れの感情	恐れるのが当然の恐れを持つ自由さがある	失敗への恐れをいだく	他人支配の力を失う恐れをいだく	棄てられる、置きざりにされる恐れをいだく
人生への指向	"いまここ"に生きる／成功をめざす勝者／自由と自己変容をめざす	何が欲しいのか自分でもわからない／自分の取り分でもとらない／問題・責任から逃げる／落胆するよう試みる	極右か極左でないと気がすまない	人生の目標はない、あてどなくどうしようもない人生
コミュニケーション	開放的	他を非難、自己防衛、自己弁解	自己防衛 攻撃的	敵意を持って、険悪・唐突・反抗的
役割・責任の 引き受け方	いつでも引受ける準備あり	恐る恐る引き受ける	引きのばし、口論、かけひき	おがみたおして断る、上役にまかせる、いやいや引き受ける
発展・成長 学習・啓発	自主的に進んで学ぶ	遅い、コーチしてもらい、安心させてもらう必要あり	困難、学習に壁あり	困難、退行し、エラーを繰り返す
他人との 不一致の処理	不一致点を明確にしようとし、双方の解決を求める	不一致は自己が適切でない証拠と感じる	他人を責める	不一致をエスカレートさせる、第三者をまきこむ
問題解決	自らを信じ、他者と話しあう	他人を頼りにしてよりかかる	一方的に他者の考えを拒否する	問題に圧倒される
時間の 過ごし方	必要な行動をし、非生産的ゲームをしない	じっと考えこむ、休みなく働いて過大補償する、救援者を求める、犠牲者を演じる	高言、他者を怒らせ、刺激し、迫害者を演じる	ひきこもりをする、ゲームにふける、迫害者を求める、犠牲者を演じる
行動への 移り方	任命されて、イニシアティヴをとって	ほめられて、勧められて	強制されて正式の指令を求めるかも	叱られて、脅かされて
他人への 感じ方	平等、対等	自分が劣る	自分が優る	落胆、疎外

ワーク❶ 人生態度からの"気づき"①

ワークのねらい

人生態度とその関連を整理し、I am OK & You are OK に向けたヒントを獲得します。

進め方

　私たちは日頃、相手の人いかんによって、こちらの人生態度は異なります。たとえば、会社のある特定の上司とは、いつも「I am Not OK & You are OK」となってしまっても、別の上司とは、「I am OK & You are OK」の交流をしているということがあります。

　また、家庭においても、奥さんと「I am OK & You are Not OK」の関係で、いつも威張っていても、時と場合と状況によっては、奥さんがOKで、自分がNot OKになってしまうこともあります。

　日頃の自分自身をふりかえり、人生態度の整理を通して、気づきを得たいと思います。

①ワークシート「人生態度からの"気づき"①」を配布し、記入を促します。
②ペアで記入した内容を紹介し合いながら、お互いに感想を述べフィードバックをします。
③ワークシートの2枚目「人生態度からの"気づき"②」を配布し、上段をペアでふりかえったあと、下段はグループで分かち合います。

Transactional Analysis

ワークシート

人生態度からの"気づき" ①

あなたが、自分自身をOKと感じる事柄には、どのようなことがありますか？
職場では

プライベートでは

あなたが、自分自身をNot OKと感じる事柄には、どのようなことがありますか？
職場では

プライベートでは

あなたが、まわりの人をOKと感じる事柄には、どのようなことがありますか？
職場では

プライベートでは

あなたが、まわりの人をNot OKと感じる事柄には、どのようなことがありますか？
職場では

プライベートでは

> あなたの身近な人たちについて、下記に該当する人を数名思い浮かべ、その理由を記入してください。さしつかえがあれば、イニシャルでも構いません。
>
> I am OK ＆ You are OK の傾向が強いと思われる人
>
> その理由：
>
>
> I am Not OK ＆ You are OK の傾向が強いと思われる人
>
> その理由：
>
>
> I am OK ＆ You are Not OK の傾向が強いと思われる人
>
> その理由：

> あなた自身のOK、まわりの人へのOKを高めるために、どのようなことができるでしょうか。

Transactional Analysis

📖 ワーク❷ 　人生態度からの"気づき"②

✏️ ワークのねらい

　自分の心理的ポジションを検討し、特定の個人、状況についてアダルトで対応することを学びます。

✏️ 進め方

①ワークシート「人生態度からの"気づき"②」の問1から問4までを記入します。
②問5は、グループで対話をしながら、各自メモをとります。

✏️ ふりかえり&ポイント

①問1から問4までを書き終えたら、グループで分かち合います。その際、問いかけ(開かれた質問)を多用しながら、気づきを掘り下げられるようにメンバーはサポートします。
②問5は全体でシェアします。

ワークシート

人生態度からの"気づき" ②

1．あなたが、「わたしもあなたもOK」でいられる特定の個人（集団）あるいは状況はありますか？
どのような人あるいは集団ですか？

どのような状況ですか？

2．ある特定の人のそばにいるとき劣等感「わたしはNot OK で、あなたはOK」を感じるとき、その状況では特定の身振り、姿勢、言語を使っていることに気づいていますか？
「わたしがOKでない」ときについて

使われる言葉、身振り、姿勢

3．「わたしもあなたもOK」をもっとも感じる場所、時、人は誰ですか？
場所：

時：

誰（人）：

4．以上の気持ち、状況、個々人をあなたの子ども時代の気持ちや状況に関連させて検討します。
類似点は何ですか？

相違点は何ですか？

5．OKでない状況と気持ちを最小限にするために、あなたのアダルトをどのように活用することができますか？

Transactional Analysis

📖 ワーク❸ 自己分析 OK 図表

✏️ ワークのねらい

　人生態度と職場メンバーとの関連を整理し、Ｉ am OK & You are OK に向けた健全な関係構築のためのヒントを導き出します。

✏️ 進め方

　このワークは、ワーク「人生態度からの"気づき"①」もしくは「人生態度からの"気づき"②」を実施した後で行うと、理解が深まり理想的です。
　①ワークシート「自己分析 OK 図表」の上に、職場の近しいメンバーの名前を3名記入します（イニシャルなどでも可）。
　②シート「健全な対人関係とマネジメント・スタイル」と「人生態度と行動の側面リスト」を参考にしながら、3名に対する自分のポジションを描きます。それぞれ色別もしくは線別にわかりやすく記入します。
　③描き終えたら、じっくりとそれぞれの対象者との関係と「自己分析 OK 図表」を見比べながら、ふりかえります。3名との違いからも気づくこと、ヒントを得ることが多いでしょう。
　④ペアで支障のない範囲で分かち合います。対象者との関係を紹介した後、ワークシート「自己分析 OK 図表」の記入内容、日頃の関係性などを説明します。ペアの相手は問いかけながら、相手の気づきが高まるようにサポートします。
　⑤ふりかえりを終えた後、ワークシート「自己分析 OK 図表」の下段の「気づいた点」を記入します。

ワークシート

自己分析OK 図表

_____ さん　　_____ さん　　_____ さん

（あなたが）他人に対して**OK** と感じている度合
（正しいな／イイな）

```
                         10
                          9
                          8
                          7
                          6
                          5
                          4
                          3
                          2
     10 9 8 7 6 5 4 3 2 1 1
    ─┼─┼─┼─┼─┼─┼─┼─┼─┼─┼─┼─┼─┼─┼─┼─┼─┼─┼─┼─┼─
                          0  1 2 3 4 5 6 7 8 9 10
                          1
                          2
                          3
                          4
                          5
                          6
                          7
                          8
                          9
                         10
```

（あなたが）自分に対して**OK**じゃないと感じている度合　　　　　　　　（あなたが）自分に対して**OK**と感じている度合

（まちがっている／ヤダな）
（あなたが）他人に対して**OKじゃない**と感じている度合

気づいた点

Transactional Analysis

アサーティブ・コミュニケーションと人生態度

筆者は、前述の生産的ポジションへの変革で述べた方法以外に、生産的ポジションを広げる絶好の学びとして、アサーティブをおすすめしています。

アサーティブはTAと一緒に学ぶことによって、参加者にとってより理解しやすく、学びが深まります。

以下にプログラムの一例をご紹介します。

－ I'm OK & You're OK －
アサーティブ（素直な自己表現）セミナー　コミュニケーション

対象者：すべてのビジネスパーソン　　　　期間：2日間

アサーティブとは

アサーティブとは、自己表現のトレーニングの1つです。
私たちの自己表現は、以下の3つに大別されます。

①自分のことだけを主張するパターン
自分の主張はできるが、相手のことを聞かない。
相手の感情、考え方を無視したり、相手の感じていることを否定したり軽くみるというパターンで、攻撃的表現といわれています。

②自分のことを主張しないパターン
相手のことを尊重しようとして自分のことが伝えられない。相手のことを聞きすぎて、自分のことを置き忘れてしまう。何も言わない。自分の意見は取るに足らないと思っているので、相手に主張をしない。表現は、受け身的であり、非主張的表現といわれています。

③相手と自分のことを共に尊重するパターン
自分のことも正確に、的確に、率直に伝える。相手の言っていることもしっかりと傾聴し、主張している気持ちを受容し、提案を尊重して、自分なりの応答をする相互尊重的な表現をアサーティブといいます。
アサーティブな行動を身につけるということは、もめごとを起こさないことではなく、もめごとが起こってもそれをうまく収めていく方法を持つことなのです。
対人関係は、必ず意見の違いが起こります。アサーティブは、違いはあっても歩み寄り、一緒に考えようとする精神であり、歩みによって物事を解決しようとすることです。
自分の意見や気持ちを率直に伝え、安易な妥協ではなく、双方にとって納得のいく譲歩を見つけ出す努力です。すなわち、第3の道は必ずあるというアサーティブな姿勢づくりからスキルを習得しようとするものです。

1日目　9:00～17:00

1. 【コンセンサス（合意）実習】
－コミュニケーション・ゲームを通じて、相互交流を図ろう－
・組織（チーム）の3要素
・違いから学ぶ姿勢を磨く
・ファシリテーター（促進者）とは

2. Transactional Analysis（交流分析）
－自己への気づき－
・自己概念と成長
・自分を知る（自己理解）
　自己理解／自己の思考と行動パターン
・基本的な人生態度

3. アサーティブによる自分表現
・アサーティブとは
　なぜアサーティブが必要なのか
　アサーティブになれば何が変わるのか
　なぜアサーティブになれないのか
　コミュニケーションパターンに気づく
・アサーティブ自己チェック

2日目　9:00～17:00

・アサーティブ権を知ろう
・自己を上手に表現し、他者とうまく付きあう方法
・なぜ、攻撃的、服従的な態度をとるのか
・アサーティブな態度の利点
・3つのかかわりについて

4. アサーティブ・エクササイズ
・アサーティブな態度とは
・アサーティブ度の自己測定
・アサーティブ状況演習
・対人関係のパターン
・非言語的アサーティブとは
・非合理的な思い込み
・アサーティブの4ステップ

5. アサーティブ・ワークショップ
－職場に活かすアサーティブ－
・課題解決場面での表現方法
・DESC法

－グループでのロールプレイ
・ロールプレイの進め方
・フィードバック方法

－ コミュニケーションの両輪を習得する －
伝える技術＆聴く技術

コミュニケーション

対象者：すべてのビジネスパーソン　　　期間：1日～2日間

アサーティブ＆積極的傾聴　　　9:00～17:00

コミュニケーションは、キャッチボールに例えられます。相手の話をキャッチすることから始まるのですが、ともすると私たちは伝える（話す／投げる）ことばかりに意識が向きがちになり、キャッチすることをおざなりにする傾向があります。本講座では、コミュニケーションの前輪となる"積極的傾聴"と、自分の意見（考えや気持ちなど）を率直に伝える"アサーティブ"をセットにし、よりよいキャッチボールが職場内で展開されるように構成されています。

1. 対人関係の持ち方、3つのタイプ
   ・攻撃的、服従的、アサーティブな態度
   ・アサーションチェックリスト記入
   ・自己のアサーション度を知る
2. WIN／WINの関係づくり
   ・アサーションの3つの領域
   ・考え方・言い方・ボディランゲージ
3. アサーティブな考え方
   ・日頃のあなたの考え方チェック
   ・非合理的な思い込みに気づく
   ・アサーション権を知る
4. アサーティブな言葉・言い方
   ・DESC話法
   ・"NO"を言う法
5. 相互尊重の人間関係づくり
   ・率直で正直なコミュニケーション
   ・より積極的に前向きに生きる
   ・自分にYES！を
   ・心はアナログ、言葉はデジタル
6. コミュニケーションはキャッチから
   ・大きなキャッチャーミットを用意する
   ・聞く　訊く　聴く
   ・「行動の窓」問題の所有権
7. 「積極的に聴く」心構え
   ・責任をもった聴き方
   ・事例検討と自己理解
   ・正そうとする前に「わかろうとする！」
8. 「積極的に聴く」とは
   ・コミュニケーションを阻む対応例
   ・ラポール（ミラーリングとペーシング）
   ・パッシブ・リスニング
   ・アクティブ・リスニング
   ・問いかけの応用
   ・聴くことのメリット
9. 風通しの良い職場づくりに向けて
   ・縦糸と横糸で織りなすチーム運営
   ・気づいたこと、学んだこと

　アサーティブとは、自分も相手も大切にした自己表現のことです。自分の気持ちや考え、信念を率直に、素直に、その場に合った適切な方法で表現します。お互いに大切にし合おうという相互尊重の精神と、相互理解を深めようという精神の表れともいえます。

　アサーティブは、自分の意見を通そうとする自己表現ではなく、自分の考えや気持ちを分かってもらうためにする自己表現です。そのためには、なるべく素直に言ってみることが大切で、そこから双方が納得のいく結論や歩み寄りに到達するための話し合いが始まると考えます。

　アサーティブな自己表現をする人は、相互尊重の気持ちで、その場にふさわしい柔軟な態度で、積極的、協力的に話し合おうとします。自分の気持ちは自分で確認し、それを表現しようとし、それに対して相手は相手の意向を持っていることを前提とします。

　話し合いの過程では、時に葛藤があり、時間をかけて話し合う必要もあります。葛藤が起こらないようにするのではなく、葛藤が起こり得ることも覚悟し、お互いに葛藤を引き受けていこうとする態度がアサーティブです。ノン・アサーティブやアグレッシブなやりとりは、結局ひとりの意見におさまってしまいますが、アサーティブは、ふたりの活発な働きかけがあるので、ひとりで考えたものよりも、かえってより豊かな相互のアイデアや創造的な結論へ至ることもあります。結果として、自分の可能性も相手の可能性も開発されることにつながります。

また、アサーティブであるということは、自分が選択したことや自分の人生に対して責任を持つということでもあります。つまり、アサーティブになるということは、他人が決めたことに従ったり、あるいは他人の意向に合わせて自分の方針を変えたりするのではなく、自分で意思決定します。このことは、自分に起こったことに対して、それを周りの環境や他人のせいにせず、自分が責任を持つことを意味します。また、自分の生活に対して自分で責任をとるということは、自分がこうありたいと願う方向へ変えることができるのだということを意味します。

アサーティブであると

- 自分の感情を適切に表現できる
- 相手の話に耳を傾けられる
- 対等な立場で人と接することができる
- 率直な要求を伝えられる
- 「No」と言える
- 問題点を指摘するだけでなく代替案も出せる
- ほめられる・ほめる言葉を受けとめられる

アサーティブであると

- 正当な批判を受け入れられる
- 不当な批判に対しては否定できる
- 感情的になることなく怒りを表現できる
- 建設的な批判をすることができる
- 新しいことに挑戦する勇気が芽生える
- 短所も長所も含めて自分のことが好きになる

アサーティブ研修の導入効果例

1. 総合病院の看護師に実施

2. 個人的達成感・自己信頼感の向上
   交渉できる力・不当な批判への対応力向上

3. 打たれ強くなった

中堅企業の全社員への研修導入例

1. **問題解決力の向上**
   ストレスの原因や問題に対して、情報収集や解決行動など積極的な問題解決を行う

2. **相談力の向上**
   問題解決のために周囲に声を掛ける、相談するなどして、支援を求めるなどの行動が増した

3. 早めの相談・早期の問題解決へのアクション

　詳しくは、ぜひ、拙著『「言いたいことが言えない人」のための本―ビジネスではアサーティブに話そう！』（同文舘出版）を併せてご一読ください。

Transactional Analysis

第 4 章

ラケット感情
－ニセの感情から本当の感情へ－

ラケットとは

　ラケットは、子どものときの家庭生活で学習し身につけます。それは、両親のモデリングによって学習したり、子どもの表現する真実の感情（authentic feeling）を認めず、そうでない感情をよしとする両親からの言語と非言語的ストロークによって学習したりします。たとえば、本当は"怖い"のに、そんなときこそ、「えーい！こんなこと怖くなんかないやい！」と言うように"からいばり"や"からさわぎ"をすることによって、親から強い子としてほめられるような場合です。

　その後、その感情はその人の身についたものとして、必要以上に感じやすい感情となります。

　私たちは、感じやすい感情を感じながら、灰色のスタンプ（後述）を集めて、心理的ゲームをするのです。ラケットは、スタンプに、そして、心理的ゲーム（後述）へと進行します。

　エリック・バーンとスタイナーは、「その人が悪感情をもつためにやる計画そのもの」をラケットといいました。また、F. イングリッシュは、「その人の最初にもっていた感情が禁止ないし抑制されて、その代用の感情をもったそのもの」と述べています。

　今までの人生で、最も多く味わった「いやな気持ち」はどのようなものですか？

　気分を害したり、不快な目にあったりしたとき、あなたは特にどのような感情にかられますか？

　どのようなときに、そういう「いやな感情」を最も体験しますか？

〔基本感情〕 （真実な感情）		〔ラケット〕 （代用感情）
喜び	→	
悲しみ	→	憂うつ、罪悪感（恥、後悔）
恐れ	→	不安、混乱、妄想、からさわぎ
怒り	→	イライラ、焦燥感
オーガズム （性的満足感）	→	嫌悪感、罪悪感（恥、後悔）、悲しみ

第4章　ラケット感情 −ニセの感情から本当の感情へ−

<u>ラケットになり得る感情</u>

怒り	混乱	不安	恋慕
恐怖	自己卑下	心配	義務感
劣等感	傷心	無力感	使命感
憂うつ	ライバル意識	不全感	敗北感
罪悪感	落胆	憤り	後悔
イライラ	悲哀	緊張感	恥辱、不面目
優越感	憐びん	嫌悪感	羨望
疲労感	当惑	猜疑心	恨み
絶望感	かんしゃく	孤独感	拒絶感
虚無感	むなしさ	焦燥感	批判、非難
見捨てられた気持ち	甘えたい気持ち	同情心	

ラケットの特徴

（1）繰り返し味わう感情で、精神生活の自由を奪っているもの

　私たちが、ある状況にどっぷりとつかって、なかなか手離せないでいる感情がラケットです。ラケットは快適な感情ではありません。反復的に味わう、慢性化した「不快な感情（bad feeling）」で、その大部分は陰湿な面をもち非建設的です。

　例として、あるリーダーは部下をよく罵ってしまい、そのたびに強い罪悪感にかられます。ときには、罵倒した後、しばらく仕事が手につかないほど、後悔の念にさいなまれます。しかし、一日とたたないうちに、また部下を罵り、同じような心理状態を招きます。いまでは、パワハラになるではないかと一方で心配になりながらもやめることができないでいます。

　この例のように、ラケットとは、私たちが繰り返し味わう後味の悪い感情です。同じ罪悪感でも、部下への接し方を反省し、次回はより効果的に部下を叱ることができるようになればラケットとはいえません。ラケットは、こうした建設的な行動の変容をもたらすことがありません。

（2）ラケットは、カモフラージュして作られた人工的な感情

　ある高齢の女性は、困っている人を見ると、すぐに同情してしまうといいます。家人に言わせると、「妻の同情は思いやりとか、親切といった領域をこえた、ひとつの『わるいクセ』」というのです。たとえば、販売員から哀願されると、断るのが悪い気がして、つい買ってしまうのです。このため何度か詐欺にひっかかっており、夫に経済的な負担をかけたこともたびたびです。このようなトラブルを招くとすると、同情もラケットということになります。

この女性に欠けているものは、好き、嫌いをはっきりと感じとる能力と、イヤなことをイヤと断る態度です。しかし、そうできないところに、ラケットが牛耳っているといえます。

同様に、嘲笑や非難を浴びても、不当な取り扱いを受けても、ニコニコと笑みを絶やさない人がいます。この人に胃潰瘍や原因不明の高血圧などがあり、それが心身症と診断されるようであれば、この人のニコニコは「ニセの感情」すなわちラケットといえます。

TAでは、ラケットは子どもが幼児期から自然な感情を正しく感じとることを学習しなかったために、こうしたニセの感情生活ができあがると考えています。自然な感情（建設的な攻撃感情を含む）が、無意識の中に抑えこまれてしまったのであれば、抑圧されている状態ということになりますが、ラケットはそれが別の感情によって代用されているところに特徴があります。

たとえば、3才の子どもに弟が生まれれば、嫉妬心が起こります。これはその子どもにとって自然な感情といえます。しかし、嫉妬心を全面に表して、弟をいじめるとき、子どもの心理にうとい両親は、その子どもを叱りつけます。またその反面で、両親は、弟がいかに可愛い存在であるかを印象づけ、その子どもが両親の期待通りに言うことをきいて、少しでも弟を可愛がる様子を見せると大いに喜びます。こうした親子の交流が反復される間に、その子どもは嫉妬心を徐々に愛他的な感情に置き換えてしまいます。こうしてでき上がったニコニコや思いやりは、本物ではなく、人工的な感情といえます。

このように、ラケットは幼児期から作られた人工的な代用感情であり、当人は真実とニセとの区別を認知することができなくなり、その奥には、何らかの「禁じられた感情」が不燃焼の状態のまま残っていることになります。

(3) ラケットは、幼時期に身につけた魔術的な信念に基づく

私たちは、なぜこのような「イヤな感情」を捨て切れずにいるのでしょうか。ラケットは幼児期に、ある種の感情が形づくられ、その後の親子関係のあり方によって、強化され、習慣化されてでき上がったものです。したがって、この種の習慣が人生のごく早期に形成されれば、それを解消することは容易ではありません。また、ラケットのもつ意味を探るとき、幼児がよくいだくファンタジー（空想や万能感）に深く関係しています。

たとえば、幼児はふだんから両親を意のままに動かしたいと思っているものですが、あるときカンシャクを起こしたところ、意外にも親がおれて、自分の願いが通ることを体験します。これをきっかけにして、この子どもはカンシャクに親を負かす力があると知り、しかも、その後、何回かこの方法で成功をおさめると、それは確実に彼の常套手段となっていきます。同様に、ひとり寂しそうにしていると、それまでかまってくれなかった親が、あれこれ注目してくれるようになります。すると、子どもは、親のストロークを得るには、部屋の隅で憂うつな顔をするのが一番よい方法だと思い込むようになります。

このほか、わからないとか知らないといった困惑した態度をとると、しびれを切らした

両親が、子どもに代わってさっさと問題を片付けてくれる場合があります。また、ケガをはじめ、いろいろな苦痛をじっと我慢していると、何にもまして両親からほめられます。こうした類の体験は、子どもの非現実的な考えを強化していきます。その結果、子どもは自分の感情や思考の中に、あたかも魔法のような力が潜んでいると信じるようになっても不思議ではありません。すなわち、「この不快な感情をじっと長く味わっていると、きっと誰かが自分を認め、ストロークを与えてくれるに違いない」「今のように、このイヤな気持ちを持ち続けていれば、それ以上の不幸は私にやってくることはあるまい。この気持ちは楽しいものではないが、一生用いる価値があるのだ」といった確信をもつにいたるのです。

ラケットは幼児のファンタジーにもとづいて身についた感情様式で、それによって生存に欠かせないストロークが得られると、私たちが子ども時代から信じるにいたった魔力のようなものなのです。

（4）ラケットは強要や脅しの面をもつマフィア

対人関係におけるラケットの働きには、強要や脅しの面があります。もともとラケットという俗語は、マフィアなど犯罪的な組織を意味する言葉でした。マフィアとは、映画『ゴッド・ファーザー』などに描かれているような犯罪組織をいい、血と死の掟による圧力によってそのメンバーを統制し、犯罪活動を続けるナゾに包まれた存在です。

そこで、日常の精神生活や人間関係でこの言葉を用いるとき、その本質である「犯罪的な力」が、何らかの形で役割を演じることになります。それは個人の精神生活においては、本来の自分を抑えたり、脅かしたりして、本当はこうありたいという自分の生き方をはばもうとする「ギャング」のようなこころの働きといえます。また、対人関係においては、巧妙なゆすりや恐喝にも似たやり方で、相手に圧力をかけ、相手をどうあがいても逃げられないような弱者の立場に追い込むところに、ラケットの特色があります。

私たちはよく、「頭では分かっているけれど、その場になると止められない」と言います。これは、ラケットが働いており、ひとり相撲をとらされている状況といえます。たとえば、ある人は常に自分の実力以上の仕事に手を出したり、独断専行したりして、失敗を繰り返すクセがあります。そして、その人は最後にきまって、自分に愛想が尽きたような、みじめな気持ちになるのです。この場合、彼の望む本来の生き方は、自己嫌悪や落胆といった強力な内的感情によって阻まれていることになります。このほかに、自分の怒りの感情に抗しきれず、子どもを必要以上にたたいてしまう親などもこの種の例といえます。

対人関係におけるラケットの無法な面は、カンシャクを起こしたり、泣き落とし戦術を常用する人によく見られます。たとえば、カンシャク持ちの父親に対して、家人がその顔色をうかがい、「お父さんを怒らせると、あとがたいへん」とばかりに、みなで腫物にでも触るような取り扱いをします。その結果、父親は家の中で意のままにふるまうことができます。同様に、泣いたり、哀願したりして、相手の困惑や同情をかき立て、巧みに承諾を勝ち取る

Transactional Analysis

人がいます（泣き落とし戦術）。こうした、あたかも咽元に刃物をつきつけるような強引なやり方で、当人たちは、自分が果たすべき責任を回避し、相手を抑えこんで特権をふるうのです。

（5）ラケットは、生き延び続けている恐竜

ラケットは、人生の歴史の中で、いまもなお生き延びている恐竜に例えられます。本来なら化石になって、もはや出る幕ではないはずなのに、過去と現在とを混同して、場違いな登場をするのです。

ある母親は、なぜか長男にイライラすることが多く、つい厳しく接する回数が多くなってしまいます。いろいろと努力をしても、長女や次男のように素直にその子をかわいがることができません。「自分で生んだ子を、こころからかわいがれないなんて…」と彼女は悲しがりました。

ラケットについて学ぶ間に、彼女は、子どもの頃に兄からよくいじめられたので、常に仕返しをしたい気持ちにかられていたことを思い出しました。そこで気づいたことは、長男は、顔はもちろんのこと、体の格好から歩き方まで兄にそっくりだったのです。それで、兄に対する敵対心を、それと気づかぬうちにわが子に置き換えてしまっていたのです。このように、昔に身につけた感情的態度が、成人した今日でも相変わらず幅をきかせているのです。彼女は、こうしたラケットの正体に気づいたとき、長男に対するネガティブな感情をセルフコントロールすることができるようになりました。

このように、ラケットは私たちを昔の感情生活にひきずり込み、そこに留めておこうとします。また、私たち自身も、その慣れた古い感情を再生し、昔体験したのと同じ結末をもたらそうと企てるものなのです。

部長が、些細なことで部下たちに八つ当たりします。彼の怒りは、"いまここ"という時点での出来事にはふさわしくない怒りです。また、部下が3週間も先の会議で行うプレゼンを心配し、失敗を予想して不安になります。これも、現在とは関係のない不自然な感情です。こうした怒りや不安は、現時点における反応とは異なり、はるか以前から持続している感情が頭をもたげるものなのです。ラケットに拘束されているとき、私たちのこころは過去のエピソードの中に生き続けているのです。

スタンプコレクションとは

私たちがスーパーで買い物をすると、そのおまけとしてスタンプカードにスタンプを押してくれたり、スタンプ帳に貼るシールをもらったりすることがあります。そして、スタンプ帳が一杯になると、好みの景品と交換することができます（いまはポイントカードが主流

ですが)。

　私たちのこころにも、ちょうどこのスタンプのように、その時どきに感情を表に出さず、おまけとして心の中に貯めてしまう場合があります。そして、そのスタンプがこころの中のスタンプ帳に押され続け、スタンプ帳が一杯になると、心理的景品と交換することになります。このようなスタンプには、2つのタイプがあり、良い感情のスタンプをゴールドスタンプ、悪い感情のスタンプをグレースタンプといいます。

(1) ゴールドスタンプ

　私たちは、肯定的なストロークを受けるとうれしくなり、明るく、楽しい気持ちになります。そして、そのときにうれしい気持ちがこころからあふれ出るようであれば、ゴールドスタンプをポンと押します。

　たとえば、仕事上でうれしいストロークを続けて受け、スタンプ帳がゴールドのスタンプで一杯になると、気分が高まり、「よし、がんばるぞ！」と張り切って仕事に取り組み、仕事への満足感を持つようになります。

　スタンプ帳1冊を仕事への意欲向上という景品と交換し、自分も満足し、上司もまた満足することでしょう。

　また、個人的なことでゴールドのスタンプ帳が一杯になると、かねてから望んでいた海外旅行に思い切って出かけたり、スタンプをいつもくれる相手に思い切ってプレゼントをしたりすることで、スタンプ交換を行い楽しむことができます。

(2) グレースタンプ

　私たちは、悪感情を収集することがあります。たとえば、「利用された」「つけ込まれた」「無視された」などをしばしば感じる人は、それがその場で解消せずに、嫌な感じがスタンプとなり蓄積されます。またディスカウントされたときの怒りや敵意がスタンプとなることがあります。このようなスタンプが一定量貯まると、無断欠勤とか仕事のミス、あるいは、報告を怠る、反抗するなどの景品と交換されます。

　また、家庭でも「夫婦ゲンカ」「グチ」「嫌味」「無視」など、さらにスタンプ帳が何冊も貯まると、「別居」「離婚」にまで発展してしまいます。

Transactional Analysis

📖 ワーク❶ ： スタンプコレクション

✏️ ワークのねらい

　グレースタンプとゴールドスタンプを普段どのように収集し、交換しているかに気づきます。

✏️ 進め方

　ワークシート「グレースタンプコレクション」と「ゴールドスタンプコレクション」をそれぞれ1枚ずつ配布しながら取り組みます。
　①ワークシート「グレースタンプコレクション」を配布し、個人で日頃の自分をふりかえり、記入することを説明します。
　②ワークシート「グレースタンプコレクション」を記入後、ペアでフィードバックや問いかけをしながら、相手の気づきを深めるためのサポートをしつつ、お互いで気づきを深め合います。
　③ワークシート「ゴールドスタンプコレクション」を配布し、日頃をふりかえり、記入します。
　④ワークシート「ゴールドスタンプコレクション」を記入後、②と同じくペアでふりかえります。
　⑤2枚のふりかえりを終えた後、グループで、このワークから学んだこと、気づいたこと、そして、メンタルヘルスに関する気づきなどについて、ディスカッションします。

✏️ ふりかえり&ポイント

　私たちは、集めた否定的な感情をいつ、どこで、どのように引換えるかは、人それぞれに異なった量を収集し、異なった強制力に従って清算します。ある人はスタンプを1ページ相当分だけ集めて、それを比較的小さい賞品と交換します。たとえば、消しゴムを投げつける、従業員を叱りつける、といったことをします。
　しかし、人によっては、賞品がいささか大きくなります。グレースタンプを何冊も貯め込むと、事務所の機械を壊す、自分の身体に傷を負わせる、罪の意識なしに情事を行う、会社の所有物をわがものにする、などといったことをしても当然だと感じます。

ときには、それ以上の大きな収集を行って、さらに大きい賞品と交換することもあります。精神障害を起こす、監獄に入る、社会から脱落する、価値の高い仕事を失う、などです。

グレーのスタンプを十分に貯めたという感じがして交換する頃になると、清算時期が近いことを示すような言葉使いをするようになります。たとえば、「もうこれ以上我慢できない！」「わたしはやるだけやったんだ！」「もうここまででたくさんだ！」「ほんとにもう…」などと。

一方、私たち自分自身のことでゴールドスタンプをいっぱいに貯めると、自分のために何か良いことをしてもさしつかえないと感じるようになります。ディナーに出かける、服を新調する、週末を楽しむ、または、楽しい休暇をとることによって、ゴールドのスタンプを清算するでしょう。貯め込む量の多寡が賞品の大きさを決定します。

Transactional Analysis

ワークシート

グレースタンプコレクション

先週、あなたが集めて、抱いていた否定的な感情を、少なくとも2つ思い出してください。

その状況は、どんなことでしたか？ _____

_____

_____

だれが関係していましたか？ _____

_____

_____

どんな感情を集めましたか？ _____

_____

_____

あなたはここに挙げた状況で生じた不満を今もまだ抱いていますか？

_____

あなたが否定的な感情を十分に貯めこんだとすれば、それをどのように交換しますか？
だれに、または、何と交換しますか？

_____

_____

今度は「それを貯める」かわりになることを考えてください。同じ状況を他の方法で処理して、スタンプを集めずに済ますことができますか？

_____

_____

あなたが過去の経験によって身につけたことが、今もなお障害となっているスタンプの集め方や交換の仕方の決まった型を見つけてください。

_____

_____

ワークシート

ゴールドスタンプコレクション

過去２週間のうちにあなたが受けた肯定的なストロークと収集したゴールドのスタンプについて、少なくとも２つの状況を思い出してください。それはどんな状況でしたか？

_____
_____
_____

だれが関係していましたか？_____
_____
_____

どのように感じましたか？_____
_____
_____

そのことを思い起こすと、今もなおあなたは良い感じになりますか？_____
_____
_____

あなたがゴールドのスタンプを交換するとき、あなた自身にどんな良いことをしますか？
_____
_____
_____

来週、良い感情と悪い感情を集めることを意識するように試みてください。ゴールドのスタンプ収集の方を大きくし、グレースタンプを減らしてください。

Transactional Analysis

📖 ワーク❷ わたしが経験したスタンプ

✏️ ワークのねらい

①各自が経験しているスタンプを取り上げ、ディスカッションすることで、スタンプに対する理解を深めます。
②好ましい職場づくり、家庭づくりへの1つのヒントを導き出し合います。

✏️ 進め方

このワークは、ワークシートの1項目ずつ進めます。
①ワークシート「わたしが経験したスタンプ」を配布し、「お客様とのスタンプ」について個人検討します。
②個人検討を十分に終えたら、グループでディスカッションしながら、学びを深め合います。
③次に、「職場でのスタンプ」に移り、個人検討→グループディスカッションへと進みます。
④最後に、「家庭でのスタンプ」の個人検討→グループディスカッションへと進みます。
⑤3項目のディスカッションを終えたら、感想や気づきを全体でシェアします。

第4章　ラケット感情 －ニセの感情から本当の感情へ－

ワークシート

わたしが経験したスタンプ

あなたが今までに経験したゴールドスタンプとグレースタンプの事例を思い起こして、ディスカッションしてください。

お客様とのスタンプ
＜ゴールドスタンプの事例＞

＜グレースタンプの事例＞

職場でのスタンプ
こんなストロークがとてもうれしく、ゴールドのスタンプを押した。こんなストロークをもらったときにグレーのスタンプが押された。あるいは、このようなストロークがいつもあったら職場が活性化する、といったことについて…。

家庭でのスタンプ
家庭での親として、子どもとして、夫として、妻として、自分の経験したスタンプを話し合ってください。

161

Transactional Analysis

スタンプはいずれ清算される

　私たちはみな自分で貯め込んだ悪い感情をどのみち清算することになります。ある人がやり込められると悪い感情が心に残り、それは指揮命令系統を伝わって逐次申し送られるといった光景を見たことがありますか。

　たとえば、ある部門の部長が朝の出勤を前に、奥さんから否定的なストロークを受けたとしましょう。その問題の解決を見ないままに部長は悪い感情をこころに抱いて職場に出社します。そして、課長に対して「いったいどうしたっていうんだ、君は！　この報告は9時までに持ってくるように言ったはずだ。すでに10時じゃないか！」と、自分の抱いていた悪い感情を清算します。するとその課長は悪い感情を集めたまま部下のところへ行って「わたしが置いていった手紙を見なかったか！　君は、どうして時間までに仕事を終えてわたしに渡せないんだ！　それに、この前の報告書にも、文字の誤りがいくつもあったじゃないか！」といって清算します。部下は部下で、家に帰ると奥さんに向かって、「おまえったら、どうしてあのペンキ塗りの仕事をやり終えなかったんだ！　そこらじゅうちらかしっぱなしじゃないか！　いつだってこうなんだから！」と言って清算します。奥さんは子どもに、「おまえたちときたら、なんにもまともにやれないんだから。そこらじゅうに置きっぱなしにしたものを見てごらんなさい！　これじゃ、みんながつまずいちゃうじゃないの！」と不満をぶつけます。子どもは犬をけっとばすことによって清算することになるでしょう。このようにグレースタンプは悪循環となって連鎖を続けます。

ラケット感情から抜け出すには

　これまで学んできたように、ラケットは私たちのこころに巣くうマフィアのようなもので、私たちの精神的な健康のためには、なくすべき大敵といえます。ラケットを捨てない限り、ゲームは継続するでしょうし、そのことで、職場で親密な関係を創出することは困難になります。

　一日も早くマフィアを撲滅することです。そのための有効な方法を最後に述べておきましょう。
・自分のラケット感情に気づく
・"いまここ"の感情を自由に素直に表現する
・後味の悪いラケット感情を、FCを用いて楽しいものに切り替える
・Aを用いて、ラケット感情にひたり続けたら将来どうなるか、その結末を予測する
・ラケット感情にひたることはメンタルの悪化だと悟り、感じることを、Aを働かせてストップする

・Aを働かせて、"いまここ"にふさわしい感情かどうかと問い直す
・ラケットやゲームの形成プロセスを理解する
・必要以上に感じやすい感情に気づき、スタンプのコレクションをしない

　私たちの健康で幸福な人生の障害となるゲームとラケット感情の克服には、基本的にストローク環境のレベルアップ、そして、個人ではAの自我状態のアンテナを鋭敏にし、"いまここ"の気づきを深めることが求められます。

Transactional Analysis

心理的ゲーム
－ついついやってしまうイヤな関係－

あなたのまわりでよく起きるこんなケース

▶ ケース

　営業部の増田部長は今朝からイライラしています。今日は新規開拓のための会議なのですが、さきほどから普段のとおり、メンバーはおとなしく、積極的な意見が上がってきません。毎回、新規開拓の方針は増田部長が練ったものが会議を経て、メンバーに移行されます。しかし、このところ、新規開拓の業績が思わしくなく、部長はメンバーから積極的なアイデアを期待して、「いつもとちがって、今日はざっくばらんに話し合おうじゃないか。意見やアイデアがあれば、遠慮なく言って欲しい」と宣言したものの、あいかわらず静かなままです。
　「みんな意見はないのか。じゃあこちらから聞いていくぞ。では、田中君、来月からの新規開拓に向けて、日頃、目標を達成している君なら、なにか独自性のあるアイデアを持って

いるんじゃないか？」
　指名された田中君は、一瞬戸惑いましたが、思いきって口を開きました。
　「これまで提案され実施してきた方法では競合他社に比べ見劣りし、アイデアそのものが一昔前のように感じられます」（部長の立ててきた案に対し、暗に批判しています）
　「ほほぅ…具体的にはどこが古いと言うのかね」（ちょっとイラっとしながら）
　「アンケート結果からも、明らかにわが社の方が劣る条件ですし、これまでとはまったく違った方法を創造しない限り、打開はむずかしいと思います」
　「しかし、アンケートの項目によっては、わが社の方が優位に立っていることも明らかで、わたし自身、これまでの戦術が古いなどとは思っていないが…」
　「部長のおっしゃることもわかりますが、取締役はなんておっしゃっているのでしょうか？」
　増田部長と田中君のやりとりを聞いていた佐々木課長が
　「田中君の言い分もわからなくもないが、これまでの批判を述べるのではなく、だからどうしたらよいかという考えを聞かせてくれないか」と諭すように発言しました。
　そこに斎藤君が田中君の助っ人に。
　「ぼくも田中君と同じように考えています。競合とのアンケート調査で、これほど不利なデータが出ていては、売り上げの向上になんてなりませんよ。この点をしっかりと是正しないと前に進めないと思います」（いつもと違い、本音を吐露しています）
　それまでなんとか冷静に議論を続けようとしていた増田部長は、ついに忍耐の限界に至ったようです。
　「君たちはいったいどれだけ長く営業を経験してきたんだね。いま頃になってこれまでの営業戦術を悪くばかり言って、それだったら、どうしてもっと早く前向きな意見を言わんのかね。批判は簡単だが、自分の意見を持ち合わせていないのかね！　佐々木課長も部下にこのような批判ばかりさせて、どういう部下指導をしとるのかね‼」
　この調子で会議の雲行きが怪しくなり終了時間となりました…。
　会議室から出てきた田中君と斎藤君はヒソヒソ声でささやき合っています。
　「ざっくばらんなんて言って、結局、自分の考えを否定されるとイライラして、これじゃぁいつもと一緒じゃないか。むしろ、いつもの方がマシさ。佐々木課長もとんだとばっちりで…」
　「これじゃぁ口を開かされた者がにらまれて損するだけだよな。お互い首を洗って待っていようぜ」……

　このようなケースはどこの職場でも起こっているのではないでしょうか。
　会議をはじめるときには、何か新しいことを生み出そうとか、アイデアを述べ合おうとか言うのですが、いざやりとりをすると、話は初期の目的とは違って、水掛け論になったり、一方が他方を叱りつけたり…その結果、人間関係をますます悪化させ、ときには取り返しのつかないような事態にまで立ち至ることもめずらしくありません。

Transactional Analysis

　このようなやりとりをTAでは「心理的ゲーム」といい、特に重視しています。この心理的ゲームの中には、これまで学んできた対人関係の問題点が凝縮されているといえるからです。

　ふつう「ゲーム」というと「遊び」とか「競技」などを意味して、楽しいこと、好ましいことという感じがするものですが、心理的ゲームは逆に、後味の悪いもの、避けるべきことなのです。

心理的ゲームとは

　先のケースをふりかえってみましょう。

　増田部長も、はじめはみんなの意見やアイデアを聞こうというつもりだったのでしょう。ところが、実際に意見を出してもらうと気にいらない内容なので、日頃のようにどなり出してしまったというわけです。おそらく自分でも「あぁ、今日もまたおなじことじゃないか」と思ったことでしょう。部下の田中君や斎藤君にしても、「こうなることは、はじめからわかっていたじゃないか」と内心で思っているでしょう。なにも最初からやろうとしてやってしまったわけではないのに、日頃の上下関係の上にたったやりとりをそのまま踏襲して、双方に後味の悪い感じを残しています。

　ところで、この心理的ゲームには、人生の基本的態度（第3章）と、かくされたやりとり（第1章）の問題が含まれています。

　まず増田部長と部下との互いの態度は、議論をはじめるときには意識していませんが、双方とも潜在意識のうちでは、「わたしはＯＫだけれど、あなたはＯＫではない」という基本的態度をもっています。それが議論を進めるうちに次第に明らかになっていき、最後は「やっぱり部長は聞く耳などもっていない！」ということを明らかにして、このゲームは幕を閉じます。

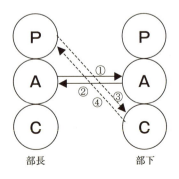

①ざっくばらんに意見を出して欲しい
②これまで提案され実施してきた…
③どうせお前らでは無理だろう！
④何を言っても無駄なんでしょ！

前半のふたりのやりとりは、表面的に見る限り、部長も田中君も双方のAの自我状態で話を進めているように思われます。しかし、実際のところかくされたやりとりが潜んでいて、部長のPと田中君のCとで心理的にコミュニケートしているのです。それが一気に顕在化するのが、部長が怒りを爆発させて、ふたりを批判した時点です。かくされたやりとりが表面に出たとき、双方とも気まずい思いをしてゲームが終わるのですが、だれでも仮面の下にかくした素顔を他人にさらすのは、少なからず精神的に混乱させられます。

バーンのゲームの公式

TAの創設者であるエリック・バーンは、「ゲームとは、はっきりと予言しうる結果にむかって進行する平行的、裏面的やりとりの継続するシリーズである。具体的には、それがかくされた動機で、しばしば反復的な、表面的にはもっともらしいやりとりの繰り返しである。あるいはもっと日常語でいえばワナやからくりのある、かけひきのシリーズである」と言っています。

日常生活、職場や家庭生活などいろいろな場面で繰り返される人間関係の悪循環のようなものです。

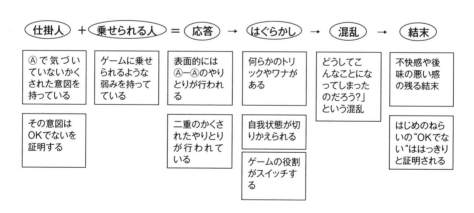

アメリカの精神科医であり心理臨床家であるロバート・グルーディングは、心理的ゲームを次のように定義しています。
・表面的にはⒶ―Ⓐのやりとりが行われる
・ところが、裏面ではかくされたやりとりが行われている
・こうしたやりとりは、無意識のうちに行われている（Ⓐでは気づいていない）
・終わったあとで、不快な感じや、モヤモヤした後味の悪いイヤな感情が残る
・同じ相手と何度も繰り返し行われるやりとりのパターンである
そして、人間関係を悪化させたまま固定される。

Transactional Analysis

カープマンのゲーム・トライアングル

　TAの専門家で精神科医のスティーブ・カープマンは、ゲームには「迫害者」「犠牲者」「救援者」の3つの役割があり、迫害者が犠牲者をやっつけているところに、救援者が救いの手を差し伸べると、もうすでに、そうした行動そのものが、心理的ゲームになっていると言っています。

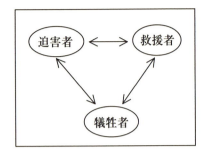

　そして、心理的ゲームでは、途中で役割の交代が行われながら進展していくことが多いのですが、ゲームを行っている人の誰かひとりでも、その役割を降りると、そのゲームはそこで中止されます。

　先のケースで考えると、田中君が増田部長から指名され、発言内容が増田部長のこれまでのプランを批判する内容であったことから、増田部長は「犠牲者」、田中君が「迫害者」としてドラマがはじまります。その後、増田部長の「救援者」として佐々木課長が、田中君の相棒として斎藤君が「迫害者」として加わります。やがて、心理的に攻められた増田部長は立場を利用して、遂に「犠牲者」から「迫害者」へと変貌を遂げ、部下のふたりは「犠牲者」へ交代してドラマは幕を閉じます。助っ人に入ったはずの佐々木課長も日頃の部下指導を指摘され、迫害者だったふたりと同じく「犠牲者」へ交代することになります。

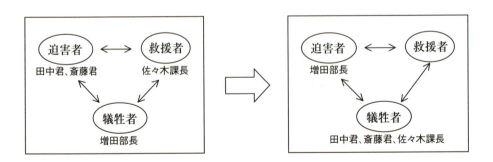

　このカープマンの三角形の心理的ゲームは、自分の役割に気づき、交流を変えて、ゲームを絶ち切ることが大切です。

　（注）前著『職場に活かすTA実践ワーク』（金子書房）では、ゲームの事例、私たちはなぜゲームをやるのかなどを詳しくまとめています。ぜひ、ご一読いただき、理解を深めていただければと思います。

ワーク❶　職場の心理的ゲーム

ワークのねらい

①職場で私たち自身がどのようにゲームを演じているか、その動き（自我状態や役割など）を体験を通して理解します。
②私たちの職場で行われているゲームに気づき、非生産的な時間を生産的なものへと変える手がかりをつかみます。

進め方

6名ほどのグループで取り組みます。
会場の設営…ロールプレイング用の椅子6脚と3つの役割のステッカーを用意します。
①ワークシート「職場の心理的ゲーム」に、自分が関与していると思われる職場での心理的ゲームをシナリオ風に記述してください。
　（注）こちらのワークシートは、2日間の研修であれば、初日の宿題として提示します。
　　　　もしくは、記入事例をそえて事前課題として持参いただく方法もあります。
②記入を終えたら、シナリオをもとにグループでそれぞれの心理的ゲームを紹介し合います。
③紹介した中から、2つのゲームを取り上げます。
④各グループは、近くのスペースで、下の図のように椅子6脚と3つの役割のステッカーを用意します。

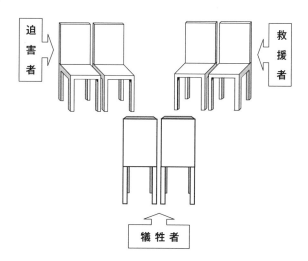

Transactional Analysis

⑤シナリオにもとづいて、ロールプレイングを2名もしくは3名で実現します。
次の点を観察します。
・シナリオはどのように始まるか
・どの時点でスイッチが起こるか
・結末はどのように終わるか
・誰がどのような感情をもつか
・どのようにゲームから降りる（役割を降板する）か

ふりかえり&ポイント

①いまのロールプレイングから学んだこと、気づいたことをグループで話し合います。（席に戻らず、ロールプレイングの椅子のあたりで）
②どうして、嫌な感情で終わる非生産的な心理的ゲームをしてしまうのか、グループで話し合います。
③①②について、全体で分かち合います。

職場にもさまざまな雰囲気が漂っているでしょうが、一般的には管理に厳しい上司と、そのもとで気を使いながら仕事をする部下たちという精神的に厳しい風土が好まれる傾向のようです。そういうところでは、ほめるより叱る、自発性を奨励するより細かい指示を与える、つまり肯定的ストロークより否定的ストロークのほうが得やすいという構図です。

そのために、毎度おなじみの心理的ゲームが展開されがちになりますが、自分から肯定的ストロークを積極的に投げかけていくようにすると、職場の雰囲気は少しずつでも変わっていくものです。

心理的ゲームをはじめる理由の1つが、暇な時間をつぶすことです。職場でいうと、仕事がなくて時間をもてあましているときにゲームが横行しているようです。この勤務時間中のムダ口は、また逆に仕事に専念する気力もそいでしまうことにもなります。

そんなゲームを避けるためには、仕事は与えられるものではなく、自分から創るものという姿勢で、一日の労働時間をムダなく有効に使うようにしたいものです。

なぜゲームをやるのか

①ストロークを得られるから（欲しいから）

②自分の存在を確かめることができるから

③時間を構造化（第6章）することができるから
　（退屈な時間をつぶすことができるから）

④"OKではない"という基本的態度を維持できるから

⑤オープンで率直なコミュニケーションを避けられるから
　（正直にならないですむ）

⑥自分の人生脚本（第7章）を進展させることができるから

Transactional Analysis

ワークシート

職場の心理的ゲーム

📖 ワーク❷ ｜ 職場のゲーム分析

✏️ ワークのねらい

①職場における心理的ゲームをじっくりふりかえり、ゲームについての理解を深めます。
②職場にある心理的ゲームとその状況に気づき、そのゲームを中止する手がかりをつかみます。

✏️ 進め方

6名グループを2つに分け、3名ごとで問6まで実施します。
①ワークシート「職場のゲーム分析」を配布し、問1から問6まで、自己検討します。
②問6まで書き終えたら、3名でお互いの職場のゲームを紹介し合います。
③問7、グループで検討し合います。
④全体で気づきや学びを共有します。

Transactional Analysis

> ワークシート

職場のゲーム分析

1. あなたが現在巻き込まれている抑圧的で不快な状況をいくつか考えてください。そのうちの1つないし2つの状況を述べてください。

   _____
   _____
   _____

2. この種の状況は、同じ相手の人と繰り返し起きるのでしょうか。

   _____
   _____
   _____

3. この不快な状況の原因はどこにあると思いますか。

   _____
   _____
   _____

4. 相手から、あるいはあなた自身から感じるかくされたメッセージ（表現されていない気持ちや意見、態度）は何ですか。

   _____
   _____
   _____

5. この不快な状況から去るとき、あなたはどんな気持ちですか。また、相手はどう感じていると思いますか。

6. 相手の人はどの役割(犠牲者、救援者、迫害者)を演じていますか。
　　また、あなたは、どの役割を演じていると思いますか。

7.「心理的ゲーム」を避けるには、どうしたらいいでしょうか。「心理的ゲームをやめるには」を参考にしてプランを立ててください。

望ましくない、不快なやりとりを避け、発展的で喜ばしい人間関係を再構築するためには時間がかかるものです。しかし、それは必ず実現するのだということを確信して、明日からの職場に臨んでください。

Transactional Analysis

感情の積立貯金

　心理的ゲームに発展するラケットには、「積立貯金」のような性質があります。しかし、ゲームの場合は、満期がきて受け取るものは、胸がワクワクするような大金ではなく、時にはいくらお金を積んでも取り返しのつかないような苦痛や悲劇です。あなたの周囲でも、いろいろな感情が蓄積され、時期がくるとそれが心理的ゲームとして「換金」されていく様子をご覧になっているはずです。

　ラケットの預金額や払い戻し時期には、個人差があります。ある人は少額を預けて、短期間のうちに換金します。子どもが弟をつついたり、大人が後から割り込んできた車を罵倒したり、といった類です。これが、ごく普通に演じられる軽いゲームです。

　しかし、なかには莫大な目標額に向かって、じっくりと取り組んで、大きく受けとるゲームもあります。これには半年コースや10年コースなど、いろいろなタイプがあります。

　たとえば、親の期待通りにエリートコースを歩み、課長になるや疲労困ぱいして胃潰瘍や高血圧症で倒れる人、キャリア官僚のハラスメント、名声をほしいままにした政治家や弁護士が不可思議な不正事件を露呈するなどは、長期コースといえます。長年夫につかえてきた妻が、そのときどきに感じたラケット感情を処理することなく、30年以上も辛抱強く自分を哀れみながら苦痛な感情を溜め、夫の退職の日、めでたくその厚いスタンプ帳がいっぱいになるのです。交換する景品はとてつもなく大きい「離婚」です。彼女の恨みつらみは、コンピュータの如く働き、「何年前の何日、あなたはわたしに〇〇した」と、長々とキャッシュアウトするのです。景品をもらった夫はまさに青天のへきれきです。妻はうしろめたさを感じるどころか、自分の行動を正当化する理由をもっているのです。

ワーク❸　ゲームの中止

ワークのねらい

心理的ゲームに関する感受性を高め、より効果的なゲームの中止について学びます。

進め方

ワーク「職場の心理的ゲーム」と同じ準備をします。
①職場でのゲームを簡潔に紹介し合い、どの事例をロールプレイングで取り上げるか、2〜3事例を選択します。
②選択した心理的ゲームを2名から3名で演じます。
③「心理的ゲームをやめるには」を参考にして、ゲームをやめる方法を用いて、ゲームを中止するようにします。
④グループ内で、いくつかのゲームについてゲームをやめる方法のうちでどの方法が効果的であるかを検討します。

ふりかえり&ポイント

①ロールプレイングが終わったら、全体で実習をふりかえります。
・どれがもっとも効果的でしたか
・いくつかのゲームに共通した特定の生産的な方法がありますか
・ゲームが中止されるとき、何か不利な点がありますか

　私たちだれもが心理的ゲームをやっています。ゲームをやっていない人などいません。大切なことは、自分のゲームのパターンは何なのかに気づくことです。
　さらにいえば、ゲームをやってしまうことがいけないのではなく、心理的ゲームだと気づいたときから、意識してやらないようにすることこそが大事なのです。

心理的ゲームをやめるには

① ゲームが存在していることに気づく（自分の得意なゲームに気づく）
② ゲームへの出演を控える
③ 相手が演じ続けている役割（仕掛け）に乗らない
④ 否定的ストロークの代わりに肯定的ストロークを与える
⑤ 自分自身や他人を認める
⑥ 肯定的ストロークの貯金をする
⑦ ゲームについて相手と正直に話し合う
⑧ ラケットをストロークしない
⑨ 重症のゲームはより軽いゲームへ
⑩ 時間の構造化を正しく設計する
　（楽しい時間、生産的な時間をより多くもつ）
⑪ 否定的ストロークに反応しない
⑫ あるがままに生きる
⑬ "間"をおくこと、時には逃げ出すこと
⑭ 相互にディスカウントしない
⑮ どうしてもゲームをやりそうであれば遠ざかる

心理的ゲームをやめるには

①ゲームが存在していることに気づく（自分の得意なゲームに気づく）

　TAを学ぶと、これまでなら知らず知らずのうちに自分がやってしまっていたゲームや、自分が巻き込まれてしまっていたゲームに気づくことができます。特に心理的ゲームは、職場の同僚や家族など、毎日、顔を合わせて、言葉を交わしている相手と行いやすいものです。いつもおなじみの人と、毎回毎回、同じようなパターンの会話をしている場合には、「これは心理的ゲームではないだろうか」とチェックしてみる必要があります。これは、自分が仕掛人であろうと、乗せられる人であろうと大切なことです。自分の毎日の生活のなかで定期点検してみましょう。

　自分が必要以上に感じてしまう代用感情（ニセの感情）に気づいて、冷静にその感情を検討しましょう。

②ゲームへの出演を控える

　自分が心理的ゲームを仕掛けた張本人だったり、あるいは運悪くゲームに巻き込まれてしまったりしていると気づいたときには、自分が、カープマンがいう"迫害者"、"犠牲者"、"救援者"のうちどのような役割を演じているのかを考えてください。そして自分の得意な役割を必要以上に演じ続けることをやめましょう。

　現実にやりとりが進行している最中に、自分を客観的に観察し、分析するには、あなたの中の大人の自我状態Ⓐを働かせてみることが必要です。

　そのときの自分のものの言い方や感情が、CPなら迫害者、NPなら救援者、子どもの自我状態Ⓒなら犠牲者であることが多いようです。そして、この役割は、一定のパターンを持っているので、特定の人と繰り返し行われるゲームには特に用心しましょう。

　　ゲームの仕掛けに乗らない　──　期待された応答をしない

　　救援者を演じることをやめる　──　助けすぎる配役を演じない
　　　　　　　　　　　　　　　　　　相手のことを必要以上に同情しない
　　　　　　　　　　　　　　　　　　援助を必要としない人たちを助けようとすることを
　　　　　　　　　　　　　　　　　　やめる

　　迫害者を演じることをやめる　──　責めすぎる配役を演じない
　　　　　　　　　　　　　　　　　　必要もないのに他の人たちを批判することをやめる
　　　　　　　　　　　　　　　　　　相手の意見や主張などに必要以上に反論しない

Transactional Analysis

　　　犠牲者を演じることをやめる ── 責められすぎる役割を演じない
　　　　　　　　　　　　　　　　　　自分のことを必要以上に責め続けない
　　　　　　　　　　　　　　　　　　自らの両脚で実際に立つことができるときに、自分
　　　　　　　　　　　　　　　　　　でどうすることもできないふりをしたり、人に頼っ
　　　　　　　　　　　　　　　　　　たりすることをやめる

③相手が演じ続けている役割（仕掛け）に乗らない

　自分がゲームの当事者になり、しかもどのような役割を担っているかがわかっていても、すぐにゲームをやめられません。ゲームには相手がいて、その人に「これはムダな会話だから、もう中止しましょう」などと言えば、腹を立てられたり、呆れられたりしてしまうからです。

　特に相手から仕掛けてきた場合にはやっかいです。そのようなときは、まず相手がゲームの中の役割を演じることをやめるように、それとなく援助する必要があります。効果的な方法は、あなたが自分の中の自我状態のⒶを目覚めさせて会話を質問形式に改めることです。Ⓐで質問を投げかけることは、何よりも自分自身がゲームの中の役割を降りることに有効です。また、Ⓐの質問を投げかけた相手も、それに応じるためにⒶの自我状態を働かせるため、それまでのⓅやⒸが弱められます。こうすることで、お互いに心理的ゲームの役割を演じることから抜け出せるのです。次のケースがその参考になるでしょう。

　　社員Ａ　「来月の会社説明会、どうやったらいいのかわからないんだ。
　　　　　　どうしたらいいだろう」
　　社員Ｂ　「主任に相談したら、何かアドバイスしてくれるんじゃないかな」
　　社員Ａ　「でも、主任はこのところ忙しそうだから、時間を割いてくれないよ」
　　　　　　（ここまできた段階で、社員Ｂは、ああ、またいつものくせがはじまったな、
　　　　　　と見抜きます。心理的ゲームのうちの「はい…でも…」ゲームです。
　　　　　　そこで、社員ＢはⒶを働かせて、次のような質問形式に切り替えます）
　　社員Ｂ　「それなら、自分で考えてみてはどう？　たとえば、一番ネックになっているのは、
　　　　　　どこなんだろうか」
　　社員Ａ　「とにかく資料が集まらないんだ」
　　社員Ｂ　「キミは、その資料はどこへ行けば揃えられると思うんだい？」

　このようにして質問していくと、社員Ａは「でも…」という機会を逃してゲームの泥沼にはまることを避けられます。

　心理的ゲームから抜け出すもう１つの方法は、相手の期待とはちがった反応をしてみせることです。そうすることで、相手が役割を担うことを中止することができます。次のようなケースを参考にしてください。

部下「課長、どうも私はダメです。私は能力がない人間なんです」
課長「いや、そんなことはないよ」
部下「いいえ、課長だって気づいているでしょう。私がドジばかりするたびにご迷惑をおかけしているんですから」
　　（ここで課長は、このままいけば、いつものように「私はバカ者」ゲームに巻き込まれることに気づき、相手の期待とはちがった反応をします）
課長「それはともかく、○○君に聞きたいんだけど、今度の接待なんだが、どこかいいレストランを知らないかな？　先様は若い社員が多いから、若い人の感覚を教えてもらえると助かるんだが…」

　心理的ゲームを仕掛ける人は、何らかのストロークに飢えています。ですから、心理的ゲームをやることにしても、「そんなくだらない話は聞きたくない」などと打ち切ってしまうと、こころは満たされないまま不満が残ってしまいます。そのため、ゲームをやめるにしても、話題を変えるなどして、別のストロークを与えるようにします。

④否定的ストロークの代わりに肯定的ストロークを与える

　心理的ゲームを行う人は、ストロークを、しかも否定的ストロークを求めています。そこに、否定的なストロークで応じる代わりに、肯定的ストロークで答えたらどうなるでしょうか。その結果は、無意味で時間を浪費するゲームがさけられるばかりか、気分がよくなり、仕事にもやる気を起こすことができるでしょう。もちろん、ゲーム好きの人は、基本的態度から修正しなくては対人関係を好転させることが難しいかもしれません。しかし、周囲の人々が根気よく、たえず肯定的ストロークを与えることによって、次第に建設的なやりとりを学んでいくことができます。
　たとえば次のように肯定的ストロークを与えます。

部下「私にそんな仕事を任せるなんてムチャですよ。今までに経験もありませんし、教えてもらったことすらないんですから」
　　（このとき、すかさず肯定的ストロークを送ってあげれば、プラスのやりとりに転じることができます）
課長「確かに○○君が言う通り、経験もないだろう。しかし、私がなぜ○○君を指名したかわかるかね。
　　経験を乗り越えるだけのバイタリティと、既成概念にとらわれない新鮮な発想が○○君にはあると見込んでるんだよ」
　よほどのひねくれものでもない限り、このようなプラスのストロークを与えられてまで

否定する人はいないでしょう。このような働きかけを繰り返していけば、本人は自信をもち、これまで眠っていた能力も開花されます。

⑤自分自身や他人を認める

　これは、ゲームを避けるための心構えです。心理的ゲームを行う理由の1つは、ストロークを求めるためだと述べましたが、その裏には、自分自身が、あるいは周囲の人々が自分を無視したり軽視したり、つまりディスカウントしていることがあります。ですから、自分からゲームをはじめるタイプであれば、たとえば自分自身を必要以上に責め、その欠点をつついて嘆くのではなく、逆に自分の中の良い部分に目を向けて、自分で自分に肯定的ストロークを与えるようにすればよいのだといえます。

　それと同様に、放っておくとゲームを仕掛けてくるタイプの人に対しても、日頃から肯定的なストロークを与えてあげれば、無用の心理的ゲームに巻き込まれずにすみます。

　そのためにも、自分を認める配役、相手を認める配役、自分が認められる配役などを演じることです。

　ゲームの結末を楽しく終わらせるようにし、悪感情の結末をもたないようにしましょう。"Not OKのポジション"をもたないようにすることも大切です。

⑥肯定的ストロークの貯金をする

　自分の心の中の肯定的ストロークを常時80%以上にしておくことです。ゲームをする人には、より質の高いストローク、ターゲット・ストロークをプレゼントするように心がけます。

　否定的ストロークはゲームの温床になります。

⑦ゲームについて相手と正直に話し合う

　心理的ゲームは、毎回、決まった相手と同じようなパターンで繰り返されます。後味の悪い感情を繰り返しているのであれば、"ゲームをやめるためにはどうすればよいか"を話し合い、ムダな時間を過ごさないようにすることが必要です。

　もっとも、ゲームの途中で、「キミがやっているのは、"心理的ゲーム"といってね…」などと指摘すると、「いやゲームなんかじゃない」「それがゲームなんだよ」などと、これまた水掛け論の心理的ゲームになってしまうので、言い方に気をつける必要があります。次のケースを参考にしてください。

　先輩「○○君、いまどんな仕事をしているの」
　後輩「来週の会議で報告する研修のアンケート結果をまとめているところです」
　先輩「どれ見せてごらん。このアンケートの数字はもっと大きくした方がいいんじゃないか。お偉方には細かい字じゃ読みにくいだろう」

(これは、いつもの「お節介」のゲームであると気づいた後輩は次のように
やりとりを誘導していきます。)

後輩「なるほど。さすがは先輩ですね。さっそくそうしましょう。ところで、
以前から先輩はアドバイスをしてくれるんですが、ボクとしては、
試行錯誤しながらやっていくことも必要だと思うんですよ」

先輩「オレがでしゃばりだとでも言うのか」

後輩「いいえ、とんでもない。とてもありがたいんですよ。だけど生意気なようですが、
自分でどこまでやれるか試してみたいんです。そこで行き詰まったら、
ボクのほうから先輩に頭を下げて教えていただこうと思っているんです」

⑧ラケットをストロークしない

　ラケットは、「ニセの代用感情」です。みじめな感情に浸ってメソメソするくせのある人の傍にいって、同情して背中をさすったり、ティッシュを差し出したりすると、その人はそこで自己実現し、ラケット感情が強化されゲームに発展します。このような場合、「メソメソしても事態は改善されません」と事実を指摘し、相手の"アダルト"を刺激するようにします。

　相手の"アダルト"を導くためには、こちらも"アダルト"にチャンネルを入れ、事実に関する5W3Hの質問を用います。

　詳細は省きますが、セラピーでの一例として、「上司がいつも厳しいので不安になる」と悩んでいるクライエントに対し、「上司がいつも不安にさせるんですね」と、セラピストは繰り返し技法を用います。そして、十分にクライエントを受容し共感した後、「私が不安を選んでいるんです（になるんです）」と言い換えてもらうことにより、"自分が不安という感情を自ら選んでいる"という、クライエントの気づきや自発性を芽生えさせることができます。

⑨重症のゲームはより軽いゲームへ

　重症のゲームをいきなりやめるのは難しいことでしょう。いきなりやめようとすると新たな問題が生じることも考えられます。（例：見捨てられ恐怖、空の巣症候群）

　そのため、重い症状を徐々に軽くしていくことも1つの対策として提案します。

⑩時間の構造化を正しく設計する（楽しい時間、生産的な時間をより多くもつ）

　「時間の構造化」については、次章で説明します。

　人生における時間的要素は、私たちに多大な影響を与えます。そのため、自分の時間の使い方、自己充実と時間の構造化の問題を慎重に検討してみることをお勧めします。

　時間の構造化の構成要素の1つはゲームです。自分のこれまでの時間の構造化を反省検

討してみることも、ゲームからの解放につながります。そして、時間の構造化を生産的なものにするための取り組みは、ゲームを打ち切る有力な対策といえます。

⑪否定的ストロークに反応しない

ストローク経済の法則では、欲しくないストローク（主に否定的ストローク）は拒否や否定をしてもよいことを学びました。

「○○は、私には、あまり理解できません」「あなたにはそう見えるんですね」「そうかもしれませんが、私はそう思っていません」などと、相手の否定的ストロークの罠にかからないようにします。

⑫あるがままに生きる

ゲームは甘えたくても甘えられない人が演じやすいものです。素直に甘えられない甘え下手の人は、すねたりひがんだりと過度の遠慮のかたちであらわれてきます。このような無駄なエネルギーを費やすよりも、素直に楽に生きる方がずっと健康的で楽しく過ごせます。

仲間も大勢集まり、健全な対人関係を築くことがかなうでしょう。

⑬"間"をおくこと、時には逃げ出すこと

かねてから習慣化している反応の仕方を一時ストップして、"間"をおくと、こちらに余裕ができ、相手の誘いに乗らない態勢ができやすいものです。

しかし、ゲームの仕掛人がしつこくて、こちらが何を言っても、そのゲームを続けたがるケースもあります。そのような場合は、逃げ出すしかなさそうです。

「悪いけど、ボクもいま忙しいから、その話はまたの機会にしようよ」

「あっ、もうこんな時間だ。電話を入れなくてはいけなかったんだ。申し訳ないが、これで失礼します」など。

もちろん、この方法は真の問題解決にはなりません。相手はまた、別の人を相手にしてゲームを続けることになるでしょう。ですから、逃げ出すのは最後の手段であることを肝に銘じておいてください。

（畔柳、2012より）

時間の構造化
－充実した時間の創造－

PRESENT

　私たちが生きるということは、どのように時間を使うかということに等しいといえます。あなたは日頃、どのような基準で時間を使っているでしょうか。

　次のような銀行があると考えてみましょう。その銀行は、毎朝あなたの口座へ86,400円を振り込んでくれます。1日の終わりに、その口座の残高はゼロになります。

　私たちは一人ひとりが同じような銀行を持っています。それは「時間」です。毎朝、私たちに86,400秒が与えられます。私たちは、浪費をしたり、お金をなくしたりすると落胆したり後悔したりしますが、無意味な時間を過ごしても気にすることは少ないようです。

　毎晩、私たちがうまく使い切らなかった「時間」は消されてしまいます。それは、翌日に繰り越されませんし、貸し越しもできません。もし、私たちがその日の「預金」を充実した時間としてすべて使い切らなければ、私たちはそれを失ったことになります。私たちは今日与えられた「預金」の中から"いまここ"を生きなければなりません。だからこそ、与えられた「時間」に最大限の投資をしたいものです。そして、そこから健康や幸せのために最大限使い切りたいものです。

　1年の価値を理解するには、落第した学生に聞いてみるといいでしょう。1ヵ月の価値を理解するには、NHKの『プロジェクトX』の主人公に聞いてみるといいでしょう。1週間の価値を理解するには、週刊誌の編集者に聞いてみるといいでしょう。1時間の価値を理解するには、待ち合わせをしている恋人たちに聞いてみるといいでしょう。1分の価値を理解するには、電車をちょうど乗り過ごしたビジネスマンに聞いてみるといいでしょう。1秒の価値を理解するには、たった今、事故を避けることができた人に聞いてみるといいでしょう。10分の1秒の価値を理解するためには、オリンピックで銀メダルに終わってしまった人に聞いてみるといいでしょう。

　与えられている一瞬一瞬を大切にしましょう。「時」は誰も待ってくれないことを再確認しましょう。「昨日」はもう過ぎ去ってしまいました。「明日」はまだわからないのです。「今日」は与えられたものです。だから、英語では「今」をプレゼント（PRESENT）といいます。

　もし「時」がこの世でもっとも貴重なものだとすれば、時の浪費ほど大きな浪費はありません。失われた時は二度とかえらないからです。時はいくらあっても十分でないのが常で

すから、価値あることを行いましょう。

> 君が人生を愛するというなら、君は君の時間を愛さなくてはならない。
> 君の人生は君の時間から作られるものだから。時間を浪費するな、人生は時間の積み重ねなのだから。
> （ベンジャミン・フランクリン）

(B,フランクリン；松本・西川（訳）、1957)

時間の構造化とは

　限られた時間を配分して使うことを「時間の構造化」といいます。1日の長さの24時間は毎日変わりません。しかし、私たちはその日ごとにずいぶんちがった過ごしかたをしています。「今日は長い1日だった」とか「あっという間に1日が終わった」などというように、同じ時間でも感じる長さはまちまちです。

　それと同じように、職場で過ごす時間が、帰宅時に、「ああ、今日は充実した1日だった」とふりかえる日もあれば、「今日はいったいどんな仕事をしたんだっけ」と思える日もあります。

　時間をどのように使うかの大部分は私たち自身が選択しています。退社後、まっすぐ家に帰って読もうと日頃考えていた本をまとめて読むことができた、気のすすまない飲み会に参加して飲み過ぎて終電を乗り過ごしてしまう…など、一方は有意義な時間の構造化を行っていますが、他方は無意味な時間の構造化といえます。

　この時間の構造化は、ストロークの受け方と深いつながりがあります。私たちが生きていくためには、肉体的には食物が必要なように、精神的にもストロークが欠かせません。そのストロークにも、肯定的なものと、否定的なものとがありますが、どちらのストロークをどのようにして得るか、ということが、まさに時間の構造化と深いつながりがあります。

コミュニケーションの深さ

- **ひきこもり（閉鎖）** ▶ 人とのふれあいを拒絶する。
- **儀礼（儀式）** ▶ 挨拶や会議など。形式的な表面での浅いかかわり。
- **雑談（社交）** ▶ 普通の会話やうわさ話など。かかわりのきっかけになるが、深さはない。
- **活動（仕事）** ▶ 仕事や趣味など。自分の能力を発揮して人から認められるかかわり。
- **心理的ゲーム** ▶ 同じパターンを繰り返してしまう、嫌な後味が残るかかわり。
- **親密（親交）** ▶ お互いに共感が持てる深いかかわり合い。

6 分野の時間の構造化

(1) ひきこもり（閉鎖）

　これは、人生の早期に母親からの愛情を剥奪されたり、ストローク飢餓を体験した人によく見られるものです。常に接近や拒絶の恐怖にかられているために、他人との間に適切な距離を保つことができず、ひきこもることになります。対人関係から身を引く、あるいはストロークの供給源を自分の中に求めています。

　人はうつ状態になると、よく過去のことにこだわって、ああすればよかった、こうすべきだったと莫大な時間を費やして思い悩みます。また、焦点のはっきりしない心身の多彩な症状を訴え、四六時中それにとらわれる心気症も、からだへのひきこもりといえます。問題の解決に直面せず、飲酒に逃避するアルコール依存も、代表的なひきこもりの例になります。

　ひきこもりは、人との交流が少ないために傷つくことがなく、ある意味では最も安全な時間の構造化ともいえます。複雑な人間関係やわずらわしいストロークの交換を回避できるのが特徴だからです。

　ひきこもりにはネガティブな内容ばかりではなく、ポジティブな面もあります。筆者は日頃から、ひとりになる時間をつくるように心がけています。その時間は、数ヵ月をふりかえり、内省したり、将来の構想（ビジョン）を練ったりする時間として有効に活用しています。事実、この原稿を書いているこの瞬間、ホテルに缶詰めになっています。

　ひきこもりはストレスコーピングにも有効です。日記をつけたり、瞑想をしたり、自律訓練法や呼吸法、ストレッチをするなどしてストレスを解消したり、ビデオを見て感動したり涙を流してこころを浄化したりするなどにたいへん有効です。

Transactional Analysis

　筆者は散歩をおすすめしています。散歩はからだへの効果だけでなく、頭をリフレッシュすることにも役立ちます。歩くことによって起こる筋肉の刺激が脳の神経に伝わるため、覚醒作用が得られ脳が活発になります。頭の中を整理したいときやアイデアをまとめようと思ったら、散歩がおすすめです。

　古代ギリシャの哲学者アリストテレスは、ぶらぶら歩きながら弟子たちと議論を交わした（散歩学派）といわれています。また、ドイツのハイデルベルグや京都には「哲学の道」が残っています。

　電話やメールなどから、さまざまな情報が次々と入ってくる毎日の中で、ひとりで物事を落ち着いて考える機会は少なく、またそのような環境も見つけにくくなっています。しかし歩く時間は、他の人に邪魔されない、自分のための時間だともいえます。

(2) 儀礼（儀式）

　これは日常のあいさつから結婚式や宗教的儀式に至るまで、習慣や伝統に従うことでかろうじてストロークを保持するものです。お互いの存在を認めながらも、特定の誰かととくに親しくすることなく、一定の時間を過ごすので、儀礼的な時間の構造化といえます。

　儀式はひきこもりに似て閉鎖的な面がありますが、外界の対象を求めてストロークを得ようとする点が異なります。しかし、その対象は、はっきりした個人というよりは、漠然とした仲間集団が関与します。

　儀礼は葛藤や軋轢が少ないため、ひきこもりに次いで安全な時間の構造化の方法です。それを守っていきさえすればストロークの現状維持ができます。また、あらかじめ決まっている結果に向かって予定通りのコースをとるため、労力を大幅に節約することができます。儀礼はあいさつなど、対人関係において一種の潤滑油の役割を果たすことにもなるため、捨てがたいものといえます。

　同窓会、定期演奏会、お祭りなどへの参加が儀礼の代表的なものです。これは地域との社会性を維持するとともに、人づくりへの種まきにもなります。社内行事の運動会や慰安旅行などへの参加も、抵抗があるかもしれませんが、他部署との連携を深め、いろいろな社内情報を入手できるなど、ストレス耐性を高める手段になります。

　筆者はコンサルティングでいろいろな会社に出向きますが、従業員同士で明るくさわやかなあいさつが交わされているかどうかはメンタルヘルスのうえでも１つのバロメーターになります。研修においても、参加者が着席する前に周囲の方へあいさつができているかどうかは、レディネスを測るものさしとして重要視しています。

　気持ちの良いあいさつが交わされる会社は、日頃のコミュニケーションの質も高い傾向にあります。

（3）雑談（社交）

　雑談は、井戸端会議や立ち話にふけったり、老人が孫の自慢話をしたり、サラリーマンが上司の異動をうわさするなどして時間を過ごすことです。比較的無難な話題をめぐって、とくに深入りせずに楽しいストロークの交換を行うのが雑談の特色です。

　雑談は、自分の好きな話題を相手と交換できるとき、心地よいストロークになります。スポーツ、車、音楽、ファッション、旅行などについて話の合う人が選ばれ、関心の異なる人は次第に脱落していきます。無意識かつ直観的に、今後とも仲良くしたい相手を探し出し、同時につき合いたくない人を除いていきます。

　アフターファイブの飲み会やカラオケ、ボウリングなどのストレスを発散する社交などは、趣味へのきっかけづくりとして最適です。社交での出会いから縁が深まり、親密な関係へと進展することも少なくありません。

（4）活動（仕事）

　仕事、研究、勉強など、私たちは何らかの活動に励み、成果をあげるとき、賞賛や報酬（ストローク）が与えられます。夫は商売で成功し、家を新築するとき、家族の尊敬の念を高めます。子どもは算数で100点をとって、親からのストロークを倍加することもあるでしょう。職場では、上司や同僚と計画案をねったり、ともに問題解決に取り組んだりして、ストロークの交換を行います。また、周囲からストロークが得られなくても、自ら掲げた目標を達成するときには、大きな精神的満足感（セルフストローク）を味わうことができます。

　この時間の構造化には、いくつかの危険も伴います。育児と家事ですべての時間をうめてきた主婦の中に、子どもが成長して家を離れると、淋しさ、退屈、無力感におそわれてうつ病（空の巣症候群）になる人がいます。同様に、その生涯を一家の経済の担い手として生きてきた父親が、定年退職後、余暇をもてあまし、退屈に耐えられず、老けてしまうケースも少なくありません。

　このような危険に陥らないためには、限定した活動ばかりに時間を割くのではなく、趣味（遊び）を取り入れることです。

　『釣りバカ日誌』のハマちゃんは、仕事ではうだつが上がりませんが、釣りのこととなると右に出る者はおらず、釣り人生を謳歌しています。自分という存在を会社以外でも感じられる場所や機会があると、仕事上の悩みは自分をすべて占拠してしまうものにはなりません。それは、心理的な余裕となり、その余裕があることで、悩みに対しても極度に臆することなく、向き合えることになります。

　趣味をもつといっても、ストレスを解消するために…などを名目にしているうちは、まだまだその本質に迫ったといえません。心理学者の宮崎音弥さんは、「遊び」について、「他から強制されず、他の目的の手段ではなく、それ自身が目的として行われる行為」といっています。ストレス解消すべしと言い聞かせて旅行へ出向いても、それはストレス解消にはな

Transactional Analysis

らないものです。「ストレス解消に趣味でもつくるか」ではなく、熱中することが楽しくてたまらなく、時間が空けば自然に手足が動き、頭の中が勝手に切り替わっていく、そんな具合に趣味を捉えたいものです。

(5) 心理的ゲーム

これは、何らかの理由で信頼と愛情に裏づけられた肯定的ストロークの交換ができないために、否定的ストロークを交換するものです。

私たちは、さまざまな人間関係で、雑談以上のふれ合いを求めるとき、心理的ゲームという時間の構造化を用いることが少なくありません。ゲームではストロークの対象が、ほとんど特定の人物になることが特色です。ある夫妻は、意識のうえでは、両人とも「もうやめよう。子どもの手前、夫婦喧嘩はよくないことだ」とわかっていながら、またまた口論を始めます。そして、深夜まで延々と非生産的な時間を過ごすのです。

心理的ゲームは、幼い頃の親子の交流にどこかしっくりいかないところがあったために素直にストロークを得ることができなかった人が演じます。こういう人は、甘えたくとも甘えられないので、歪んだ形で（ひねくれる、喰ってかかる、悲劇の主人公をよそおうなど）それを手に入れるべく苦戦しているのです。

心理的ゲームによってストロークが十分に満足されることはないので、早晩、不足感を味わうことになります。そこで、再び心理的ゲームが繰り返され、あっという間に、長い時間（ときには年月）が経過していきます。

この意味で、人によって心理的ゲームは一種の必要悪のような時間の構造化といえます。

(6) 親密・親交

これは、互いに信頼し合い、相手に対して純粋な配慮を行う関係です。また、真実の感情を、恐れることなく分かち合える関係ともいえます。

親交では、これまで述べた5つの方法に拘束されることなく、ストロークを自発的に、ストレートな形で交換することができます。

ストレスがたまったときの愚痴や相談など、親しい同僚や親友との時間は有効です。

聴き役が複数いると、ひとりでは無理な部分まで受けとめられます。話す相手を替え、自分も相手の話をきちんと聞くようにすると、関係はかえって距離が縮まります。自分の悩みを一方的にまくし立てたりせず、相手の悩みも親身になって聞くと、新しい発見もあることでしょう。

同じような境遇で、理解してくれる相手がいると好ましいといえます。たとえば、どんなに親しくても、事業を起こして奮闘している友人に、会社のボーナスが低かったと不平不満を言っても、わかり合えないかもしれません。子どもがなかなかできない人に子育ての大変さを愚痴るのも無神経でしょう。共通項があり、互いに支え合えるような相手を選ぶこと

も一考です。

　アントノフスキーがストレス対処能力の高い人ばかりにインタビューして集めたデータによると、「自分には信頼できる人がいる」というものがありました。ストレスを克服するためには、絶対に自分ひとりでストレスを抱え込まない。これが必須条件なのです。

時間の構造化とストロークの密度

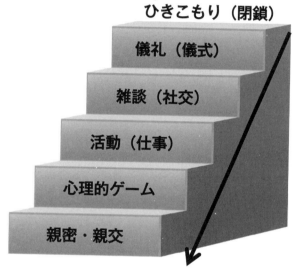

Transactional Analysis

📖 ワーク❶ これからの時間の構造化

✏️ ワークのねらい

時間の過ごし方を見つめ直し、より健康的で充実した時間の構造化を図ります。

✏️ 進め方

「時は金なり」という金言がありますが、ある意味では、時間はお金よりももっと貴重なものといえます。たとえば、お金は貸し借りできますが、時間はそうはいきません。また、お金は当面使わない分を貯金して、必要なときに引き出すことができますが、時間はそんな融通がききません。

それほど大切な時間をどのように使うか、それこそ人生最大の課題といえるかもしれません。一生の終わりの幕が閉じるときに、「充実した人生だった」と言えるように、いま刻々と過ぎていく時間を有効に使うことが大切です。

① ワークシート「これからの時間の構造化」を配布し、問4までを自己検討します。その後、ペアで検討した内容について分かち合います。
② その後、問5の表を記入し、ペアで分かち合います。

私たちの一日は、通勤や仕事、食事や入浴といった「活動」にそのほとんどを費やし、本当に自分で自由に使える時間はわずかしかないと思いがちです。しかし、その中味は工夫次第でより有効なものに変えることができます。「やりたいことがあるんだけど時間がなくて」などと言い訳をせず、「時間は自ら創り、仕掛けるもの」という主体性をもって時間の構造化を計画してください。

ワークシート

これからの時間の構造化

1．あなたの時間の構造化で、もっとも問題があるのは、6分野のうちなんですか？

_____
_____

2．1であげた時間を、あなたは具体的にどのように過ごしますか？

_____
_____
_____

3．そこに潜む問題点は何ですか？

_____
_____
_____

4．それを改善するにはどのような方法が考えられますか？

_____
_____
_____
_____
_____
_____

5. あなたの時間の過ごし方を6分野すべてについて点検してみましょう。

時間の構造化	いまの具体的な行動	そこに潜む問題	改善方法
ひきこもり（閉鎖）			
儀礼（儀式）			
雑談（社交）			
活動（仕事）			
心理的ゲーム			
親密・親交			

時間の有効活用

下記の表をもとに時間の有効な使い方について考えてみましょう。

		緊　急　度	
		緊急である	緊急でない
重要度	重要である	Ⅰ	Ⅱ
	重要でない	Ⅲ	Ⅳ

　Ⅰの領域は、緊急度も重要度も高い活動の領域です。クレーム対応や商談、資金繰り、締め切り間際の仕事など、即時の対応を要し、しかも重要な結果と結びついている活動の領域です。

　Ⅱの領域は、重要だが即時の対応を必要としない活動の領域です。事業計画書作り、人材確保と育成、製品開発、新事業参入、後継者の育成、クレーム再発防止対策、自己啓発、ストレスの解消や予防、健康維持管理、家族やパートナーとの対話など、質の高い活動がこれに含まれます。重要であることは誰もが認識していますが、緊急ではないため行動を起こすにはそれなりの決意をともなう活動の領域です。

　Ⅲの領域は、緊急度は高いが重要ではない活動の領域です。緊急性ゆえに重要な活動と錯覚しがちですが、結果的に他人の期待に応えるだけで本人には重要な結果がもたらされることの少ない活動の領域です。

　Ⅳの領域は、緊急でもなく重要でもない活動の領域です。レポートを作成しようと予定していた時間を、たわいもない長電話に費やしてしまったというような浪費した時間がここに分類されます。

　さて、あなたの日々の活動は、どこの領域にどれくらい費やされているでしょう？

　時間を上手にコントロールし、忙しいながらも、こころ安らかな日々を送るためには、優

先順位を見極めることです。「Ⅰ」の領域の活動を効率的にこなし、「Ⅲ」を回避・委譲し、「Ⅳ」を忘れ、「Ⅱ」を長期目標化しなければなりません。

　私たちに変化と成長を促す活動領域は、「Ⅱ」の活動領域です。この「Ⅱ」の領域をいかに意識的に日々のスケジュールに組み入れるか、そのことが私たちの充実感や達成感を育て、セルフ・エフィカシー（自己重要感）を高めることにもつながるのです。ピーター・ドラッカーは、「計画のために費やされた時間は最も生産的な投資である」と述べています。

　また、忙しい毎日を過ごしていると、入社当初の働く目的を失いがちになります。「お客様の幸せのお手伝いがしたい」「お客さまの笑顔を演出したい」などの目的をもって仕事に就いたにもかかわらず、毎日短距離競争ばかりに追われていると、次の短距離種目が気にかかり、「Ⅱ」の長期の視点を見失ってしまいます。辛いとき、虚しいとき、やりきれないときなどは、入社当時の初心（働く意味／目的）を再確認することによって、現状をそっと受け容れることができます。

ワーク❷ 生産的時間の構造化

ワークのねらい

特定の仕事において活動の占める割合に気づき、より生産的な時間の使い方を吟味します。

進め方

このワークはグループで行います。
①あなたの職場のある特定の仕事（たとえば、会議、セールス場面、接客場面など）を選び、その時間をどのように構造化しているか検討します。
あなたは、6つの時間の構造化の方法にどのくらいの比率で時間を費やしていますか。
 a．その時間は、どのように使っていますか？
 b．その構造化の何が肯定的な面ですか？ また何が否定的な面ですか？
 c．あなたは、その仕事自体、あるいは、そのなりゆきをもっと生産的にすることができますか？
②ホワイトボードにまとめ、発表します。

ふりかえり&ポイント

グループの討議結果を全体で分かち合います。

Transactional Analysis

ワーク❸ 時間の構造化とマネジメント

ワークのねらい

　時間の構造化の考え方を用いて、リーダーとして適切なマネジメントのしかたを検討し、望ましい方向を探ります。

進め方

ワークシート「時間の構造化とマネジメント」を配布します。
① 「あなたの部下について、その人たちが仕事で時間を構造しがちな方法を考えてください。その人たちは現在、実際にどのように構成（構造化）していますか。そしてあなた自身、リーダーとして、彼らにどのようにしてもらいたいですか？」などのコメントをそえて、ワークシートの上（表）を整理するように伝えます。
② 上段の表を書き終えたら、4名ほどのグループで分かち合います。
③ ①のふりかえりを終えた後、「2. あなたは、リーダーとしてメンバーの時間の構造パターンを仕事のうえで、もっと生産的にするには、どのようなことができますか？　たとえば、彼らの時間をもっと生産的に使うように援助するには、あなたのストロークのパターンをどのように変えることが求められますか？　あるいは、心理的ポジションとしてその人たちの関係をどう保ちますか？」などとコメントし、グループでディスカッションをします。きっと参考となる情報を得ることができることでしょう。
④ グループでのディスカッションを終えたら、数グループから「これは」というアイデアを数点発表してもらいます。

ワークシート

時間の構造化とマネジメント

1. あなたの部下について、その人たちが仕事で時間を構造しがちな方法を考えてください。その人たちは現在、実際にどのように構成(構造化)していますか。そしてあなた自身、リーダーとして、彼らにどのようにしてもらいたいですか？

名　前	現在の時間の構造パターン	改善のための案

2. あなたは、リーダーとしてメンバーの時間の構造パターンを仕事のうえで、もっと生産的にするには、どのようなことができますか？

_____
_____
_____
_____
_____
_____
_____

Transactional Analysis

ミニスクリプト
－ミニドラマの脚本を描き直す－

人生脚本とは

　TAでは、人生を一編のドラマのようなものとみなし、その中で私たちが演じている役割を脚本と呼んでいます。脚本とは、私たちの子ども時代に、親たちを中心とする周囲の影響のもとで発達し、その後の対人関係を含めた人生経験によって強化され、固定化されてきた人生の青写真です。たとえば、職業の選択・結婚・育児・停年退職・死に方など、脚本は人生のもっとも重要な局面で、私たちの行動を左右します。

ミニスクリプト（ミニ脚本）とは

　ミニスクリプトとは、数分間、時には数秒間のような短時間におきる一連の行動で、それが結果として、その人の人生の生き方を補強するパターンになっているものをさします。
　臨床心理学者のタイビ・ケーラーとヘッジス・ケーパーズによって考案され、自分の固有の行動パターンを理解し、自分が本当に望んでいる方向に行動パターンを向けることに役立ちます。
　ミニスクリプトには、OKでないミニスクリプトとOKミニスクリプトの区別があります。OKでないミニスクリプトは、短時間におきる一連のOKでない病的な行動のことで、結果として、OKでない人生脚本を補強します。OKミニスクリプトとは、短時間におきる一連のOK感のある行動で、結果として、人生脚本から解放され、自分のことは自分で決めるという自律的な生き方を補強しているものです。

　私たちの人生脚本の骨格をなしているものは、親から送られたメッセージです。こうあってほしいという期待やこうしなさいというしつけが、人生脚本の基調をなしています。これは親のペアレントの自我状態から発信され、子どもの中のペアレントの自我状態に組み込まれていきます。
　子どもの中のペアレントにインプットされたものは「ドライバー（駆りたてるもの）」といい、自分の行動を叱咤激励する働きをします。

ドライバーには、次の5つがあります。

"完全であれ"　「完全でなくてはダメだ」
"強くあれ"　　「強くなくてはいけません。人に弱味を見せてはいけません」
"努力せよ"　　「もっと努力しなさい。あなたはまだまだです」
"喜ばせよ"　　「親を喜ばせてちょうだい。人も喜ばせてあげなさい」
"急げ"　　　　「もっと急ぎなさい。もっと早くしなさい」

　子どもの時期にペアレントに組み込まれたこれらのドライバーは、言動に影響を及ぼすばかりでなく、こころの中で、アダルトにちょっかいを出してはその判断を狂わせたり、自由な子どものチャイルドに口をはさんだり、抑えつけたりして順応させます。
　たとえば、ある会議で、発言しようと思って立ち上がったところ、「人前で発言するときは、みなを説得できる内容でなければならない！」（"完全であれ"の一例）とこころの中で声がして、そのまま座り込んでしまうというケースがあります。小さい頃から親に言われてきたことが、とっさのときに浮かび上がってくるのです。
　一事が万事この調子で、私たちの行動を根っこから操っているもの、それがドライバー「駆りたてるもの」なのです。

Transactional Analysis

ドライバー（駆りたてるもの）リスト

　その人の人生脚本（人生早期に親の影響の下に発達し、現在も進行中のプログラムで、個人の人生の最も重要な局面で、どう行動すべきかを指図するもの）は、非常に短い時間の間にも演じられ、その言葉、調子、身ぶり、姿勢、表情、行動の中に一定の特別なパターンとして現れます。
　この行動、感情、信条などの流れのパターンを「ドライバー（駆りたてるもの）」といい、5つのパターンからなっています。

	A. 完全であれ	B. 強くあれ	C. 努力せよ	D. 喜ばせよ	E. 急げ
ストッパー	・それで満足するな ・ありのままであるな ・すぐ成し遂げるな ・油断するな	・感じるな ・感情を表現するな ・弱音をはくな ・弱みを見せるな	・自由であるな ・楽をするな ・リラックスするな	・自分を喜ばせるな ・楽しむな ・人様優先、自分は後回し	・ゆっくりするな ・一つ一つきちんとするな
肉体的特徴	・緊張 ・肩がこる ・頭痛 ・あせって汗をかく	・胃が痛む ・胃潰瘍 ・表情がない	・緊張 ・肩がこる ・固くなる ・姿勢よく前向き	・肩がこる ・胃の緊張 ・無理をする ・背中をまるめる	・落ち着かない ・リラックスしていない ・ドキドキする ・じっとしていない
心理的ディスカウント	・どうせ俺は… ・これだけしか… ・誰だって… ・これでは相手が不満足	・軽々しくするな ・すぐに反応しない ・ちょっと間を置く	・まだまだ ・すてばち ・俺はダメだ ・まだ足らん	・人の話をよく聞け ・これだけでは足りない ・迷う ・自分はガマン	・時間がない ・やることが沢山ある ・間に合わない
言葉	・区切り、語尾ハッキリ ・たしかに ・やはり ・だから	・あ、そうですか ・ふ～ん ・どっちでもいい	・やればできる ・やるぞ！ ・がんばれ	・すまん ・すみませんが ・同意を求める ・～でしょう？	・がんばれ ・やるぞ ・何をもたもたするか ・サッサと
声の調子	・はりきった声 ・高い声 ・自信ありげに ・語尾が下がる	・低音 ・急に大声	・早口 ・抑揚なし ・一本調子	・やわらか ・やさしい ・おだやか ・早口	・大きい ・早口 ・ポイントだけ ・高い
ジェスチャー	・オーバーな ・大きい態度 ・足りない所を隠す	・腕組み ・手振り	・力強く腕を上げる ・説得調 ・手を振る	・顔に手をあてる ・手を多く使う ・笑わせようとする ・頭をかく	・手イライラ ・じっとしていない ・ソワソワ
姿勢	・正しい姿勢 ・キリッとする ・きちんとしている	・後ろ手を組む ・椅子に深く座る	・考え込む ・多少挑戦的 ・前のめり	・うなずく ・前かがみ ・目をやさしく見る ・相手の表情を気にする	・じっとしていない ・前かがみ ・集中しない
表情	・感情を表わさない ・かたい ・けわしい	・口をへの字 ・口をきりっとしめる ・歯を見せない	・かたい ・厳しい ・苦しそう	・笑顔をつくる ・不快な表情をしない	・みけんにしわ ・目つきが悪い ・目つきが変わる

ドライバー（言葉のメッセージ）とストッパー（無言のメッセージ）

「完全でなくてはダメだ」「もっと努力しなさい」など言葉によるメッセージを「ドライバー（駆りたてるもの）」といいました。特に小さい頃に親から与えられるドライバーは、人生脚本の一部を構成する重大な要素となります。

ところが、親が子どもに言葉でメッセージを伝える一方で、態度や表情で、別の意味のことを伝えていることがあります。

たとえば、子どもに対して、「努力が足りないじゃないか、もっと勉強しなさい！」と言っている父親が、毎晩のように酔っぱらって帰ってきては、子どもとの約束をすっぽかしてばかりいたり、「きれいに片づけなくっちゃダメよ！」と子どもに訴えている母親が、洗濯物をほったらかしにしてソファーに寝転がってばかりいるような場合です。このような態度は、「努力せよ」や「完全であれ」という言葉とは反対のことを態度で伝えていることになります。

下図のとおり、「努力が足りないじゃないか、もっと勉強しなさい！」「きれいに片づけなくっちゃダメよ！」という言葉は、親のペアレントから、子どものペアレントに向けられています。そして、「毎晩のように酔っぱらって帰ってきては、子どもとの約束をすっぽかしてばかり」だったり、「洗濯物をほったらかしにしてソファーに寝転がってばかり」の態度は、親のチャイルドから子どものチャイルドに向けられ、これをストッパーといいます。親の中のペアレントとチャイルドから、互いに矛盾するメッセージが子どもに伝えられると、子どもは戸惑ったり、混乱しがちになります。

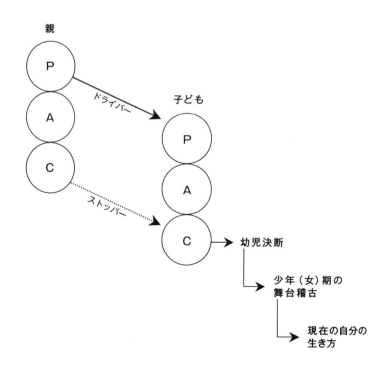

Transactional Analysis

ミニスクリプトの成り立ち

　ミニスクリプトは、私たち自身が人生の基本路線に気づき、それを自発的に変えていくための1つの道具（考え方）です。ミニスクリプトは次の4つの要素で成り立っています。

(1) ドライバー（駆りたてるもの）

　前述の通り、親のPから子のPへのメッセージは、馬車馬のようにその人を駆りたてるので、ドライバーと呼ばれます。
　ドライバーは、一見したところ、役に立つ刺激のように見えますが、実は私たちを絶望と挫折感につきおとすような注文で、色々な弊害を生んでいます。というのも、そのメッセージの背後には、それらをやりにくくするようなブレーキがかくされているからです。ストッパーが、ドライバーのメッセージの裏にあるのです。

(2) ストッパー（止めるもの）

　これは親のCから子のCへのメッセージで、ドライバーの反作用としてその裏にかくされています。たとえば、「急げ！」というドライバーを受けた子どもは、同時にそれ以上の強さで「自由であるな！」というストッパーをもらっている可能性があります。急ごうとすればするほど、からだの動きが不自由になり、不器用になり、急ぐという目的の達成は妨げられます。そして、ただ、イライラするだけなのです。
　ストッパーの一部を例示してみましょう。

　　≪ドライバー≫　　　　≪ストッパー≫
　完全であれ！　→　ありのままであるな！　油断するな！　リラックスするな！
　強くあれ！　→　感情を表現するな！
　努力せよ！　→　満足するな！　楽しむな！
　喜ばせよ！　→　両親優先、他人優先、自分はあと！　自分の要求を出すな！
　急げ！　→　自由であるな！

　ストッパーは、ドライバーの反作用として、その達成を妨げるような働きをします。その結果、自分はダメだという挫折感が生じます。

(3) 復讐するチャイルド

　親から「ドライバー」と「ストッパー」の矛盾した拘束を受けた子どもは、「なにくそ！」と反抗したくなります。これが復讐するチャイルドです。あえて親にそむいて、どうだ、「これでもか！」と居直ります。親の目茶苦茶な拘束に耐え切れなくなった子どもが到着する道筋で、「自分はOK、周囲が悪い、相手が悪い」と強がります。もちろん、強がりですから

内心不安はあるものの、相手を批判し攻撃します。

(4) 最終的ミニスクリプトの結末感情
　そして最後には、「何もかもダメだ、自分もダメだし、相手もダメだ、人生は無意味だ」という道筋に進み、これを「最終的ミニスクリプト」といいます。

ドライバーとストッパーの及ぼす意思決定への影響

　ドライバーとストッパーは、意思決定に際して、それぞれ「思考パターン」「意思決定行動」としての影響を及ぼしています。下記にその典型的な例を挙げてみます。

〈思考パターン〉　　　　　　　　〈意思決定行動〉

　完全であれ！　　ギリギリまで決めないでおく。決めても満足しない。
　　　　　　　　　「まだまだ…」という。
　　　　　　　　　意思決定権を与えない（任せない）。自分で何でもやってしまう。

　強くあれ！　　　どんなに困難な問題でも歯を食いしばってがんばるが、
　　　　　　　　　それが結果的にムリな状況をつくりがち。

　努力せよ！　　　他人の意見をきき過ぎてまとまりにくくなる。
　　　　　　　　　努力してはいるのだが歯切れが悪い。

　喜ばせよ！　　　自分の問題解決よりも他人の問題解決を優先し、結果として
　　　　　　　　　自分の問題が未解決のままで他人に迷惑をかけがちとなる。
　　　　　　　　　他人の問題解決に手を貸してつい無理をしがち。

　急げ！　　　　　見切り発車というよりも短兵急すぎる。
　　　　　　　　　他人の意見をあまりきかない。

Transactional Analysis

ドライバーとストッパー／その行動特徴

ドライバー	ストッパー	マネジメント行動の特徴
A．完全であれ	すぐ成し遂げるな それで満足するな ありのままであるな	● 決断が遅れ、意思決定がぎりぎりまで成されない ● 報告書などの提出がギリギリまで作成・提出されない ● 人にまかせない。したがって荷物を自分で背負ってしまう傾向がある
B．強くあれ	感情を表現するな おまえの感じるように感じるな 弱音をはくな 弱みを見せるな 甘えるな	● 弱音をはかないで頑張ってしまう ● 喜怒哀楽を顔に出さないし、あまり表現しないので、単調になりがち ● 感情表現が苦手で、共感しにくい
C．努力せよ	楽をするな リラックスするな 自由になるな 楽しむな	● 休日でも職場に行きたくなってしまう ● 休むにも一所懸命努力して休む人 ● 楽をしない努力の人 ● 働き過ぎのリーダーシップ
D．喜ばせよ	人様優先、自分は後で 自分の要求を出すな "NO"と言うな 外づら良くて内づら悪し	● 頼まれると"NO"と言わない ● 他人のためについ無理をしがち ● 外づら良くて内づら悪い 身内に厳しい
E．急げ	のんびりするな ゆっくりするな 油断するな	● 決断が早く、じっくりと考えることが少ない ● 走りながら考える 他のこと、次のことを考える ● スピード第一 かんしゃく持ちで待つことが嫌い

📖 ワーク❶　あなたを駆りたてているもの

✏️ ワークのねらい

①自分の脚本を形成したもととなる「ドライバー（駆りたて）」に気づきます。
②ドライバーとストッパーがいかに職場のマネジメント行動に影響しているかに気づきます。

✏️ 進め方

①ワークシート「あなたを駆りたてているもの」の1枚目を配布し、それぞれの文章を読み、自分に該当する箇所にアンダーラインを引くように説明します。
②アンダーラインを引き終わったら、グループ内でどれくらい、どの箇所にアンダーラインを引いたのかを見比べます。
③2枚目のワークシートを配布し、1問ずつ時間を区切って書き進めます。問2は、シート「ドライバー（駆りたてるもの）リスト」を参考に、問3は、「ドライバーとストッパー／その行動特徴」を参考とするようにコメントをそえます。

✏️ ふりかえり＆ポイント

①問3を書き終えたら、ペアによるシェアを行います。
②問4以降は、1問ずつグループでふりかえりを実施します。
③気づいたこと、学んだことを全体でシェアします。

「A.完全であれ」は、子どもの頃、両親から、「おもちゃで遊んだら、ちゃんと片付けなさい！」「洋服をきちんとたたんでから寝なさい！」「もっとていねいにやりなさい！」…などのメッセージをもらってきたのかもしれません。幼い頃から整理・整頓・清潔・節約・礼儀などを強要され、ちょっとしたミスも許されずに育った場合なども該当しやすいでしょう。

何をやっても「これで完全（完璧）」という喜びが持てず、何か不足しているような気がします。完全でありたい気持ちから、なかなか仕事にとりかかれず、仕事をやり遂げた後も不満足感が残り、こころの中はつねに不安がいっぱいになります。

そのため、「きちんとしないと気に掛かる」「とことんやらないと気がすまない」「いいか

Transactional Analysis

げんにすると気が咎める」「気分を変えるのが苦手」などの行動を持ち合わせていることが考えられます。

　完全に、と思えば思うほど、準備に時間を割こうとするため、取り掛かりが遅くなります。

　筆者は新しいテーマの研修やコンサルティングを依頼されると、ありとあらゆる書籍やマニュアルを購読し、その中から最善のものを加えてご提案する傾向があります。そのため、準備に時間とお金がかかり、結果的に、いつも収益に貢献してくれません。人に任せるのも苦手ですから、自分で多くを背負い、睡眠時間を削ってしまいます。

　「B. 強くあれ」は、子どもの頃、「こんなことで泣くんじゃありません」「自分のことは自分でやりなさい」「男なんだから、泣くんじゃない」などの親のメッセージを受け、「弱音ははくまい」と自分の感情を抑えて強く見せようと駆りたてられます。

　大人になっても、「わたしは、大丈夫」と強がったり、少々の風邪や発熱を押して出社したり、危険なことを知りながら平気を装ってやり通そうとすれば、「強くあれ」というドライバーの可能性が高いといえます。

　「C. 努力せよ」は、子どもの頃、「赤ちゃんのような言い方じゃだめじゃない」「漢字は正確に覚えなさい」「百まで数えられるようにしなさい」「ひとりでお使いに行ける？」などと親に言われると、「次はちゃんとやるようにしよう」「もっと頑張ろう」と駆りたてられ、幼児決断する可能性があります。成人しても、「一所懸命に！」「もっともっと」と自分に言い聞かせ、会社で遅くまで頑張り、自分の家にまで書類を持ち込んで、自分の時間を犠牲にしてしまいます。

　「D. 喜ばせよ」は、子どもの頃、「みんな仲良く遊びなさい」「お母さんがお掃除したのだから、汚さないようにしてちょうだい」「友だちには親切にしなきゃだめよ」などと親に言われると、「これから気をつけよう」と親の顔色をうかがうようになります。

　そして、大人になっても、自分の気持ちを抑え「まわりの人を喜ばせよう」「必要以上に気を回す」「他人の評価がたいへん気になる」などの特徴が考えられます。

　「E. 急げ」は、子どもの頃、「ぐずぐずしないで！　時間がないでしょう」「早く来なさい、置いていきますよ」などの親のメッセージがあると、子どもながらにせきたてられた気持ちになります。この気持ちが大人になった今でも、常に急ぐ気持ちに駆りたてられ、せかせか落ち着きがなく夢中になって仕事などをやります。いつも時間が気になり、今やっていることだけでなく、次にやることも気にしてしまいます。

　リーダーの立場で、ドライバーのもっとも注意すべき点は、自分のドライバーを相手に強いる点です。「完全であれ」というドライバーは、部下にもミスを許さず完璧を求めます。80％の出来では満足せず、認めようとしません。残りの20％ばかりに関心がいき、チクチクと責めたてる傾向があります。

　「強くあれ」は、弱音をはくことをよしとしません。このドライバーを持つリーダーは、

自覚していないと、部下の「辛い」「苦しい」などの悲鳴に耳を傾けることができません。このストレスの時代に、「メンタル不調なんて、弱い証拠だ！」などと捉えがちで、このように言い張るドライバーを持っているリーダーの場合、部下管理能力の欠如といえます。

「努力せよ」は、相手にも努力することを強制します。筆者はこのドライバーを持っており、スタッフの努力をなかなか認めることができません。スタッフが睡眠3時間弱で研修の準備をしながら、月に20日ほどの研修を無事に終えた直後、ほめるべきところを「これくらいの経験をしないと成長できないよな」と一言。スタッフはほめてくれると思いきや、これくらいは当然と言われるのですから、たまったものではありません。また、土日や祝日は自己研鑽に抜かりがありませんから、スタッフにも自己研鑽を勧める、というよりは強制する傾向があります。

「喜ばせよ」のリーダーは、お客様第一で、部下（身内）には厳しい傾向があります。ES（従業員満足）がベースにないと、CS（顧客満足）やホスピタリティは真に発揮できず、継続されないことを肝に銘じておく必要があります。

「急げ」のリーダーは何事もスピーディで、ある面、スピードの時代にはもてはやされる面がないとはいえませんが、じっくり考えてから動こうとする部下、ち密に計画を立てなければならない仕事（質）などにも急ぐことを求めてしまうため、ついてこられない部下が続出したり、大きなミスを起こしたりする危険性をはらんでいます。

ドライバーによって駆りたてられていると、私たちはゆとりや安らぎをなくし、一瞬一瞬の充実感や達成感を味わうことができません。

ストレスすべてを避けることはできませんが、あまり過度になると胃潰瘍、高血圧症、狭心症など身体的な症状となって現れることがあります。

Transactional Analysis

ワークシート

> あなたを駆りたてているもの

1．以下の文章を読んで、自分にあてはまる箇所にアンダーラインを引いてください。

A　わたしは何事も完全でないと不安です。また他人にも完全であることを要求します。わたしは他人に立派な人だ、優れている人だと思われたく、「いいかっこしい」のところがあります。わたしの表現はオーバーになりやすく、本当に話すべきこと以上に飾ってしまうところがあります。わたしの話は前段の話や周辺の話題が多く、長くなる傾向があり、途中でさえぎられるのは大嫌いです。わたしは自分の言った内容が、よく理解されているかどうか確認したくなることがあります。

B　わたしは自分に対して厳しく、喜怒哀楽は顔には出しません。滅多なことで、感動したり感激したりすることはありません。他人が簡単に泣いたり喜んだりするのを見ると、軽薄さや思慮のなさを感じて嫌になります。わたしの話し方は、抑揚がなく味気なさがあります。他人から、お前は何を考えているのか分からない、と言われることもあります。

C　わたしは「何事にも努力が肝心だ」と考えています。努力をすることによって、かなりの問題や課題が解決できると思っています。たとえ結果が十分でなかったとしても、一所懸命努力する過程が大切です。必要があれば朝早くからでも、夜は何時になろうとも、できるところまでは頑張ります。わたしは肩こりがしますし、寝ているときには歯ぎしりをすると言われます。
難しい課題や問題に取り組んでいるときには、とてもやり甲斐を感じます。

D　わたしはできるだけ他人に親切にしてあげたい。また、他人からもわたしに優しくしてほしいと強く思います。他人から冷たくされたり、拒否されるのは恐ろしいことです。わたしはいつも他人の承認と指示がほしいのです。また、他人への思いやりも強く、他人がして欲しがっていることを、敏感に感じます。このため他人のことを気にしすぎて不自由になります。でも、できるだけ多くの人を喜ばせてあげたい。わたしは人に自分がどう思われているか、たいへん気になります。

E　わたしはいつもセカセカしています。時間が気になり、時計を見ることが多いものです。いつも頭に「次は何をしなければならないか」という思いがあり、気がつくと焦っています。
歩き方は早足で、食事も早い方です。話すのも早口で、じっと静かに待つことが苦手で、次の準備として何かをしていないと落ちつきません。
駅で電車を待っているときも、何かの動作をしていることが多いようです。

2．どのドライバーに心当たりがありますか？（Aは「完全であれ」、Bは「強くあれ」、Cは「努力せよ」、Dは「喜ばせよ」、Eは「急げ」）

3．該当するドライバーから、あなたのストッパー（行動）は、日頃、どのような行動としてあらわれていますか。

4．そのことが、職場の仲間や家族に、どのような影響を及ぼしていると思いますか。

5．どのようなストレスを感じますか。

6．ドライバー「駆りたてるもの」を、自分の中で繰り返していると、どうなると思いますか。

OK でないミニスクリプト

たとえば、あなたが「完全であれ」というドライバーをもっているとします。「完全でありなさい。さもないとストロークをあげないよ」という環境の中で、あなたは一所懸命に努力します。そのときのあなたを表現すると次のようになります。

(1) もし、わたしが完全であれば—わたしは OK

しかし、あなたは完全（完璧）になりきることなどできません。もともと私たちは、神様のような完全な存在ではなく、ミスや失敗をする不完全な存在ですから、「完全であれ」ということ自体、所詮は無理なのです。

そして、親のチャイルドからの「ストッパー（止めるもの）」に拘束されて、あなたは次のような感じになります。

(2) 完全でないからわたしはダメだ—OK でない

「私は OK でない＆あなたは OK」という実感はみじめな気持ちになります。ここに長く居続けることは辛いことです。この不快感から脱出して、あなたは次の段階、「復讐するチャイルド」に進みます。それは、「何くそ、このやろう」という反抗の状態で、「わたしもあなたも OK じゃない」という態度です。

復讐するチャイルドは、時に混乱したり、わざと失敗したり、グズグズしたりして、ひねくれた攻撃を加えることもあります。復讐するチャイルドの言い分をまとめると次のようになります。

(3) わたしは OK だ。お前が悪い。お前のせいで、ずいぶん被害を受けているんだぞ！

ストッパーと復讐するチャイルドの間を何回か往復することもあります。それに疲れて、たどりつく段階が最終的ミニスクリプトです。これは、どうにもならないという挫折感にうちひしがれ、なげやり、無気力、無感動、どうにでもなれという状態です。図にすると右のようになります。

Not OKミニスクリプト

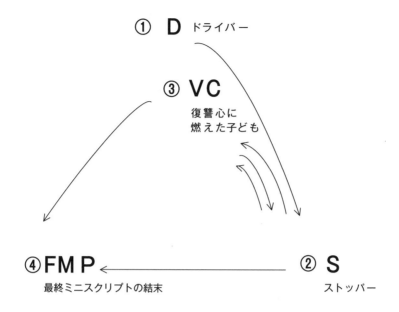

VC：Vengeful Child
FMP：Final Miniscript Pay Off

OKミニスクリプト

　ドライバーは、どのような場合でも、「〜するべきだ」「〜しなければ」という圧力で締めつけるので、自分の中で、「〜してよい」という「許可」を与えることが必要です。
　「急げ！」というドライバーをもっている人が、「落ち着け！」といくら言いきかせてもダメなのです。これでは、かくされたメッセージでブレーキを踏むばかりになります。それよりも、「ゆっくりしてもいいんだよ」と言いきかせた方が「許し」に近く効果的です。そして、具体的で達成可能な目標を立てることも必要です。理想的すぎる目標はドライバーになってしまうので、小さな行動目標を立てます。たとえば、「食後20分は何もしないで、ゆっくりと過ごす」という目標を立てたとします。これであれば誰にでも達成できるでしょう。その小さな成功体験をよく味わってください。次は、「食事には必ず1時間かけて、ゆっくりと語りながら食べる」という目標にしましょう。なるべく、「そうしてもいいんだ」と自分に許可を与えながら目標に近づいてください。
　このようにして、ひとつひとつ具体的で達成可能な目標を完成しては、心地よい感じを味わい、全体的に「許し」と自己肯定感に満たされた効力感を味わうことができます。
　出発点がドライバーか、アローワー（許可）か、これが分かれ道の指標です。出発点さ

Transactional Analysis

え間違えなければ、OKミニスクリプトへ歩みはじめます。いつの間にか、ドライバーに追いたてられていては、OKでないミニスクリプトに逆戻りしてしまいます。

OKミニスクリプトは、OKでないミニスクリプトとは対照的な系列で作動します。これにも4つの構成要素があります。
① 「～してもよい」というアローワー（許可）によって、自発的に、したいことの目標が決められます
② 「うまくいっただろう。さあもっとやりなさい」と促進する（ゴウアー）
③ 「肯定的な自由チャイルド（FC）」
④ 「ワーッ、すばらしい」と実感する（OKミニスクリプトの自信に満ちた感情）

この4つは、OKでないミニスクリプトの公式に対応する公式をつくります。大切なことは、ドライバーをアローワーに変えることです。

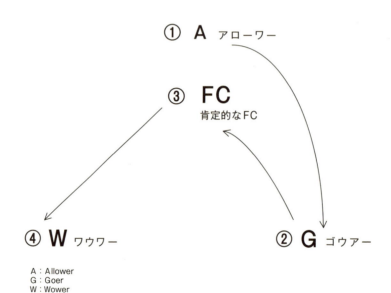

OKミニスクリプト

A : Allower
G : Goer
W : Wower

Not OKミニスクリプト と OKミニスクリプトの比較表

Not OK ミニスクリプト

ドライバー	1. 完全であれ 2. 強くあれ 3. 努力せよ 4. 喜ばせよ 5. 急げ
ストッパー	1. ありのままであるな！油断するな！ 2. 感情を表現するな！ 3. 満足するな！楽しむな！ 4. 人様優先！ 5. 自由であるな！
VC	・相手を批判し、攻撃する
FMP	・望まれていない、愛されていない、価値がない
流れ	ドライバー ⇄ VC ↕　　　↕ FMP ← ストッパー

↑ 成長

OKミニスクリプト

アローワー	1. あなた自身であってよい 2. オープンであってよい 3. 自由になってよい 4. 自分を優先してよい 5. 時間をかけてよい
ゴアー	・禁止令「～するな！」の代わり、自分の選んだ他のことをする許可を与える。 ・両親が与えてくれた良いメッセージに焦点 ・自分が欲しい再ペアレンティングメッセージ
FC	・VCの行動をFCの適切な行動に変える
ワウワー	・自信を持ち、愛され、受容された感じ
流れ	アローワー ⇄ FC ↕　　　↕ ワウワー ← ゴアー

Transactional Analysis

ドライバー／アローワー

5つのドライバーに対応する5つのアローワーを示すと次のようになります。

〈完全であれ〉
- あなた自身であってよい
- ありのままでよい
- 70～80％でよい

〈強くあれ〉
- オープンであってよい
- 表情を表現してよい
- 弱みを見せてよい
- 弱音を吐いてよい
- 甘えてもよい

〈努力せよ〉
- それをやってよい
- すぐやりとげてしまってよい
- 自由になってよい

〈喜ばせよ〉
- 自分自身を考え、自分自身を尊敬してよい
- 自分を優先してよい
- 自分の欲求を出してよい
- 身内を大切にしてよい
- 自分を大切にしてよい

〈急げ〉
- 時間をかけてよい
- ゆっくりとやってよい
- のんびりとしてよい

📖 ワーク❷ アローワーの体験と習慣化

✏️ ワークのねらい

①アローワー（許可）を体験することで、ドライバーからの解放のきっかけを獲得します。
②職場や家庭で、アローワーの環境づくりを企画します。

✏️ 進め方

①「ドライバー・チェックリスト」をつけ、自身のドライバーを検討します。
　（注）先のワークと同時に実施したり、チェックリストを省いて、先のワークの流れのまま②から進めるなど、持ち時間などを考慮しながら組み立てます。
②6名ほどのグループになって立ち上がり、一人が輪の中央に入ります。中央の参加者は自分のドライバーをメンバーに伝えます。
③順不同で周りのメンバーから、「アローワー（許可）」を参考にしながら、気持ちを込めてアローワーを伝えます。メンバーの声が重なり合っても構いません。
④全員が輪に入り体験を終えた後、「職場や家庭で、どのようにアローワーの環境づくりを築くか」という課題に対して、ディスカッションします。

✏️ ふりかえり&ポイント

①アローワーの体験を通して、どのような感じがしたか、全体でシェアします。
②アローワーの環境づくり（習慣づくり）について、アイデアを各グループで発表し合い、全体でアイデアを共有します。

　次のようなイメージトレーニングや瞑想もたいへん役立ちます。
①落ち着ける空間を整え、椅子にラクに腰かけます。
②全身の重みを床か椅子に任せるようにします。
③目を静かに閉じて、外界の刺激を遮断してください。
④息を吸うときは「わたしは」と、こころの中で繰り返します。
⑤息を吐くときは「リラックスしている」と、こころの中で繰り返します。
⑥ふつうに呼吸を続けます。こころがわき道にさまよい始めたら、自分の呼吸に意識を

集中させ、「わたしはリラックスしている」と言い続けます。
⑦はじめに決めた時間まで①から⑥を続けます。
⑧静かに、手、足、腕、脚、全身を伸ばします。
⑨目をゆっくり開き、周囲の新鮮な輝きを見つめてみましょう。

「完全であれ」の人は、ときどき瞑想して「人間である以上、多少の欠点はあってよい」「誤りを犯すのは人間である証拠」などと言い聞かせるとよいでしょう。また他人の誤りを許容する練習をすることも大切です。

「強くあれ」の人は、自分の感情の動きに気づき、感情を素直に表現することです。私たちは、悲しいときには泣くものだということを素直に認めてください。

「努力せよ」の人は、仕事をひとつひとつ区切って完成させ、小さな完成、小さな成功をこころから喜ぶ練習をすることをお勧めします。

「喜ばせよ」の人は、自分を大切にし、ひとりの人間としての自分の重要性に気づく必要があります。瞑想などの精神修養が役に立ちます。時として他人が不機嫌になることもあり得る、世の中には怒りやすい人もいる…と考えるようにします。

「急げ」の人は、ときどき自分の歩調や話し方に気づいて、意識的に「ゆっくりしてよい」と自分に言い聞かせることをお勧めします。「あわてるな」などと否定的に自分に言い聞かせてはいけません。否定的に制止しようとすると、かえってドライバーが強まってしまいます。

ドライバーに駆りたてられていると、私たちは絶えず不完全感を味わい、なかなか充実感や達成感を感じることができません。「〜すべき」というペアレントの声が自己嫌悪感を伴って聞こえてきたら要注意です。たとえば、「いつも微笑みをもって人に接しなければならない」などの教えに囚われ過ぎると、自己嫌悪に陥りかねません。そんなときは、「〜すべきである」「〜しなければならない」ではなく、「〜した方がよい」「〜してよい」と考え、もっと自然体でふるまうことです。

そう自分に言い聞かせると、一瞬一瞬が充実した創造的な時間となります。

リーダーが率先して、自らのドライバーとその悪影響に気づき、職場の風土を変革するためにも、アローワー（許可）をプレゼントし合える環境を創り上げてください。それだけで、ずいぶんストレス要因が減るものです。

ワークシート

ドライバー・チェックリスト

あなたから見た調査対象者の印象を、次の各質問で思い当たる項目の□欄に✓印でチェックして下さい。

記入者名	
年　月　日	年　月　日

1	□	他の人の間違いを指摘したり、正当化するために、他の人にハッキリ言う。	2			
2	□	狼狽しているのに、見かけは落ち着いている。		2		
3	□	物事を終わらせるのが難しく、長びかせてしまう。			2	
4	□	他の人と話しているとき、よくほほえんだり、笑ったりする。				2
5	□	どうでもいいときに急ぐ。					2
6	□	目的地には応々にして、時刻前に行っている。	1			
7	□	物事を決定する前に、長い時間かけて考える。		1		
8	□	物事を難しいやり方で、やってしまうことが多い。			1	
9	□	事態が悪くなったりすると、直面するより、回避するほうである。				1
10	□	衣服を買うのに歩きまわったりしない。					1
11	□	整理整頓をしたり、かたづけたり、きれいなゴミ箱を使わなかったりする。	2			
12	□	物を使わないで、やることを考える。		2		
13	□	今度こそ正しくやろうと自分に言い聞かせ、そしてやらない。			2	
14	□	会話しているとき、うなずいたり、「わかる？」と言ったりする。				2
15	□	「用意できた？ さあ行こう！」と言い、出かけるときにサッサと出て行く。					2
16	□	直立した姿勢で動く。	1			
17	□	どんなにつらいことがあっても、歯をくいしばってガンバル。		1		
18	□	他の人にとって、簡単なことが難しい。			1	
19	□	自分の特別なスタイルを示すために、上手に衣服を着る。				1
20	□	指や足をトントンやったり、びんぼうゆすりをする。					1
21	□	他の人が考えたり、やったりすることについて批判する。	2			
22	□	悪い状況をよくしようと、長い間やってみる。		2		
23	□	大切なことに十分時間をかけないことがある。			2	
24	□	自分が不安を感じていると、笑ってごまかす。				2
25	□	色々なことを急いでやろうとする。					2
26	□	面白いものや情報を集めたり、見せびらかしたりする。	1			
27	□	他の人が、自分でやるべきことをやってあげる。		1		
28	□	終わりに近づくと、手を抜いて遅らせる。			1	
29	□	何かを頼もうとする前に、よいことを言う。				1
30	□	物や人とぶつかる。					1

Transactional Analysis

31	☐ 物事を正しくやろうとする。	1				
32	☐ 必要以上に注意深い。		1			
33	☐ 物をごちゃごちゃにしたり、汚れた皿をためこんだりする。				1	
34	☐ 自分の悪い感情をカバーするために元気に振る舞う。				1	
35	☐ 他の人を急がせるために、口を挟んだり、終わる前に立ち去ったりする。					1
36	☐ 実は大して大切でないことを見せびらかしたり隠したりする。	1				
37	☐ 感情を隠すために、顔に出さない。		1			
38	☐ 時々、かなり遅くなったり、そこに全く行かなかったりする。			1		
39	☐ 自動的に他者を優先する。				1	
40	☐ 待っているとき、行ったり来たり歩く。					1
41	☐ 他の人が物事をうまくやるとは思っていない。	1				
42	☐ 肉体的に不快であっても、あまり気づかない。		1			
43	☐ やり出す前に長い時間をかける。			1		
44	☐ 一人でいると、だいたい落ち着かない。				1	
45	☐ 足早、早飯、早口。					1

合計点 ( )( )( )( )( )

以下の5問は自己評価のみで、あなたは次のどんなときに最も混乱状態に陥るか1つ選んでチェックして下さい。

46	☐ 間違っていることが分かったり、尊敬を得られなかったりするとき。	4				
47	☐ 弱々しかったり、自分の面倒を見られなかったりするとき。		4			
48	☐ 終えることが出来なかったり、事がうまく運ばないとき。			4		
49	☐ 拒絶されたり、一人で置き去りにされるとき。				4	
50	☐ 遅れたり、時間を無駄にするとき。					4

合計点 ( )( )( )( )( )

総合計点 □ □ □ □ □
　　　　　 A　 B　 C　 D　 E

以下の部分は、調査対象者本人が整理集計するための欄です。
　①各項目☐欄の、✓印でチェックされた項目の右側の数字に○をつける。
　②○印のつけられた数字のみを縦に足し合わせて、合計点を出す。
　③質問46〜50の項目は、調査対象者本人が自己チェックするときのみ使用して下さい。
　④ドライバーの種類
　　　A. 完全であれ！　　B. 強くあれ！　　C. 努力せよ！　　D. 喜ばせよ！　　E. 急げ！
　⑤縦の合計点が出たら、高い順から2つ選び、アルファベットを次の欄に記入する。

	アルファベット	ドライバー
1		
2		

あとがき －TAを乗り越えて－

　『メンタルヘルスに活かすTA　実践ワーク』を書き終えるにあたり、ここで再びTAをふりかえってみましょう。

　TAの主な目標は、一人ひとりが自分の人生の方向づけをして、それに責任を持つために、自分自身をコントロールすることにあります。

　私たちは自らの潜在意識の中で、すでに書きあげられている人生脚本に従って生きることを強いられています。それは、時として建設的であり、また時として破壊的ですが、その仕組みを知れば、その人生脚本を自分の望む方向に変え、自分らしい人生目標を達成することができます。

　このような理想的な人間像に一歩でも近づくためには、これまで学習してきたTAを体得し、それを日常生活の中で応用していくことです。そのポイントを復習してみましょう。

・3つの自我状態Ⓟ Ⓐ Ⓒを自在に活性化できる
・相手とのやりとり（交流）を交錯することなく行える
・ストロークをタイミングよく与えたり、受けたりできる
・これまでの人生脚本にとらわれず、「私もあなたもOK」（自他肯定）の基本姿勢を持つ
・ゲームの問題点に気づき、それを避ける
・「活動」や「親交」により多くの時間を構造化する
・自分の感情をコントロールできる
・自分をよりよく変えていくことができる

　以上は、いずれもTAの最終目的である、「新しい自己への出発」のために欠かせない要素です。

　あなたがこれまでの長い人生によって形成されてきたあなた自身の問題点を改善することは、もちろん一朝一夕にできることではないでしょう。「ゆっくりと、そして着実に」あなた自身を前進させ、"いまここ"から生きがいのあるすばらしい人生を切り拓いてください。

読者の皆様にお礼申し上げます。拙い文章にもかかわらず、ここまで読み進めてくださり、ありがとうございました。

　本書は、前著『職場に活かすTA実践ワーク ——人材育成、企業研修のための25のワーク』の第2弾として執筆させていただきました。

　前著同様、素晴らしい出来栄えに編集をしてくださった編集部長の井上誠様ほか、金子書房のみなさまの支えで仕上げることができました。こころより感謝申し上げます。

　本書は、恩師である岡野嘉宏先生から学ばせていただいた内容を中心に描かれています。いまは亡き岡野嘉宏先生ならびに奥様の八重子様、おふたりにこころから感謝申し上げます。

　妻にはあたたかな激励のストロークをもらっています。ともに暮らす重度障害の父からは、「お前をここまで育ててくださった先生にせめてもの恩返しをしないとな」と励まされながら、今回も完成を待ち望んでくれました。ふたりの後押しのお陰で本書を書き上げることができました。ありがとう！

　最後に読者の皆様にお願いがあります。

　筆者は、TAをとても大切にしています。これからもさまざまな可能性を探求していきたいと考えています。そのためには、多くの方々と経験を分かち合い、共に学ばせていただきたいと願っています。お気軽にメールをお送りいただければ嬉しく思います。

　ライフデザイン研究所 HP: http://e-eap.com
　メールアドレス：ok@e-eap.com

＜参考図書＞

芦原　睦（著）『エゴグラム　――あなたの心には 5 人家族が住んでいる』（扶桑社、1998）

ベンジャミン・フランクリン（著）松本慎一・西川正身（訳）『フランクリン自伝』（岩波文庫、1957）

デイビット・ルイス（著）金　利光（訳）『心の 1 分間トレーニング』（東京図書、1996）

デール・カーネギー（著）山口　博（訳）『人を動かす』（創元社、1958）

ディーン・オーニッシュ（著）吉田利子（訳）『愛は寿命をのばす　――からだを癒すラブ・パワーの実証的研究』（光文社、1999）

エーリッヒ・フロム（著）鈴木　晶（訳）『愛するということ』（紀伊國屋書店、1991）

後藤清一（著）『叱り叱られの記』（日本実業出版社、1985）

ジェームズ・クーゼス、バリー・ポズナー（著）伊藤美奈子（訳）『ほめ上手のリーダーになれ！――部下の心をつかむ 7 つの原則』（翔泳社、2001）

ジェリー・メイヤー、ジョン・P・ホームズ（編）『アインシュタイン 150 の言葉』（ディスカヴァー・トゥエンティワン、1997）

厚生労働省『労働者健康状況調査の概要』（厚生労働省、2014）

国谷誠朗（著）『サラリーマン　イヤな奴とつきあう法』（朝日新聞社、1989）

畔柳　修（著）『こころの健康ワークブック　――認知行動心理学によるこころの柔軟体操』（PHP 研究所、2006）

畔柳　修（著）『「言いたいことが言えない人」のための本　――ビジネスではアサーティブに話そう！』（同文舘出版、2007）

畔柳　修（著）『上司・リーダーのためのメンタルヘルス』（同文舘出版、2008）

畔柳　修（著）『職場に活かす TA　実践ワーク　――人材育成、企業研修のための 25 のワーク』（金子書房、2012）

畔柳　修（著）『キャリアデザイン研修　実践ワークブック　――若手・中堅社員の成長のために』（金子書房、2013）

原島　博『いい顔をつくる顔訓十三箇条』（日本顔学会）

松本　元（著）『愛は脳を活性化する』（岩波書店、1996）

岡野嘉宏（著）『みちしるべ』（社会産業教育研究所、1981）

岡野嘉宏（著）『職場教育トレーナー養成』（社会産業教育研究所）

岡野嘉宏・多田徹佑（著）『新しい自己への出発　――マネージメントのための TA』（社会産業教育研究所出版部、1988）

岡野嘉宏（監修）渡辺光雄（著）『人間関係リフレッシュ』（教育産業センター）

ピーター・F・ドラッカー（著）上田惇生（訳）『明日を支配するもの　――21 世紀のマネジメント革命』（ダイヤモンド社、1999）

手塚治虫（著）『手塚治虫　未来へのことば』（こう書房、2007）

著者プロフィール

畔柳 修（くろやなぎ おさむ）
『ライフデザイン研究所』所長
1965年愛知県生まれ。
大学卒業後、広告代理店、経営コンサルタント会社を経て『ライフデザイン研究所』を設立。
独立当初より、行動科学、Transactional Analysis、ゲシュタルト療法、ポジティブ心理学、認知行動療法、ブリーフ・セラピー、システムズ・アプローチなどを精力的に学び、人材開発や組織開発に応用する。
ライフデザイン研究所では、人材開発（研修セミナー）、キャリア＆心理カウンセリング、組織開発（経営コンサルティング）、EAP（メンタルヘルス）の4つのサービスを軸に『個人の輝きと職場の活性化』の実現に向けて、精力的に活動をしている。

人材開発では、Transactional Analysisをはじめ、ポジティブ心理学、レジリエンス、キャリアデザイン、リーダーシップ、メンタルヘルス、アサーティブ、ファシリテーション、メンタル・コーチング、NLP、階層別研修など数多くのテーマを担当している。
経営コンサルティングでは、ポジティブアプローチによる組織風土の活性化、エグゼクティブ・コーチング（カウンセリング）、戦略ビジョン策定、人事施策の改訂など、人と仕組みの両面から、働きがい、生きがいを見出せる場を創造し続けている。
最近は研修講師の育成にも携わっており、筆者自身が積み上げたノウハウを提供しながら、育成のためのトレーニングやコーチングを展開している。

【著書】
『職場に活かすTA実践ワーク ——人材育成、企業研修のための25のワーク』（金子書房）
『キャリアデザイン研修 実践ワークブック ——若手・中堅社員の成長のために』（金子書房）
『"言いたいことが言えない人"のための本 ——ビジネスでは"アサーティブ"に話そう！』（同文舘出版）など多数

Transactional Analysisをはじめとする講演＆研修セミナー、EAP（メンタルヘルス）、組織開発（コンサルティング）や講師ファシリテーターとして独立したい方など、お気軽にお問い合わせください♪
お問い合わせ先：ok@e-eap.com
『ライフデザイン研究所』http://e-eap.com

メンタルヘルスに活かすTA 実践ワーク

2015年2月20日 初版第1刷発行　　　［検印省略］

著　者　　　畔　柳　　修
発行者　　　金　子　紀　子
発行所　　　株式会社　金　子　書　房
〒112-0012 東京都文京区大塚3-3-7
電　話　03（3941）0111〔代〕
FAX　03（3941）0163
振　替　00180-9-103376
URL http://www.kanekoshobo.co.jp

印刷　藤原印刷株式会社　製本　株式会社宮製本所

©Osamu Kuroyanagi 2015
Printed in Japan
ISBN 978-4-7608-3417-4　C 3011

金子書房の関連図書

職場に活かす TA　実践ワーク
人材育成、企業研修のための 25 のワーク

畔柳　修 著　　B 5 判並製 216 頁　　定価 本体 3,000 円 + 税

職場のコミュニケーションを円滑にする、好ましいリーダーシップを発揮する、組織の活性化を促すなど、職場に活かせる TA（交流分析）の理論と実践ワークを紹介する。

キャリアデザイン研修　実践ワークブック
若手・中堅社員の成長のために

畔柳　修 著　　B 5 判並製 128 頁　　定価 本体 2,500 円 + 税

働くことを通していかに人生を豊かに充実させるか。ビジョンを抱き邁進する元気な個人がいれば組織も元気になり、組織が元気になれば個人もさらに元気になる好循環が生まれる。キャリアデザイン研修の実践とワークを紹介し、若手・中堅社員のキャリアを創造するヒントを提供する。

改訂増補版　個と組織を生かす　キャリア発達の心理学
自律支援の人材マネジマント論

二村英幸 著　　A 5 版並製 220 頁　　定価 本体 2,400 円 + 税

個性の十全な能力発揮と組織力の強化を目標とする、統合的な新しい人材マネジメント論。キャリア発達を学ぶ学生および企業内での人事革新を志す人のテキストとして好評のあった初版に、新たに「リーダーシップ」の章を追加し、さらに従来の章もデータ等最新の情報に改訂して、わかりやすく使いやすい内容に刷新。

（定価は 2015 年 2 月現在のものです）

年間30万人が受検
交流分析理論に基づき、
"5つの心"から性格特徴をとらえる

新版 TEG® II（テグ）

東大式エゴグラム Tokyo University Egogram New Ver. II
東京大学医学部心療内科 TEG 研究会　編

種 類	性格検査（質問紙法）
対象年齢	15歳以上
形 式	質問項目数53問（L尺度3問含む） 「はい」「いいえ」「どちらでもない」で回答します 集団にも個別にも使用できます
所要時間	回答：10分程度 自己採点：5分程度

＊受検方法は「コンピュータ採点」、「自己採点」が選択できます。「コンピュータ採点」は、専用のマーク式用紙をご利用の上、弊社に送付いただくことで、採点結果報告書を返送させていただくサービスです。詳細はお問い合わせください。

価格一覧▼

品　名		定　価
新版 TEG II　用紙　（30名分1組）　　　　　　　　　　　自己採点用		本体7,600円+税
新版 TEG II　用紙　（10名分1組）　　　　　　　　　　　自己採点用		本体2,600円+税
新版 TEG II　マーク式用紙　（10名分1組）　　　コンピュータ採点用		本体2,000円+税
新版 TEG II　コンピュータ採点料	コンピュータ採点用　1名	本体1,000円+税
	201名以上　1名	本体 700円+税
新版 TEG II　実施マニュアル（手引）		本体1,200円+税
新版 TEG II　解説とエゴグラム・パターン		本体2,200円+税
新版 TEG II　活用事例集		本体2,800円+税
エゴグラム早わかり（10名分1組）		本体2,000円+税

※定価は2015年2月現在のものです

TEG® は株式会社金子書房の登録商標です。

金子書房